O.K. Dr med. Horst Griehl

AF281737

HEILEN

STATT

BEHANDELN

Herstellung: Libri Books on Demand
ISBN: 3-8311-0179-5

Inhaltsverzeichnis

Vorwort

Mein Buch ist leicht zu lesen und seine Sprache ist einfach. Es wendet sich an einfache und andere Menschen mit leichten und anderen Problemen – und alle Probleme sind leicht, wenn sie gelöst sind. So soll mein Buch denen helfen, die wissen, welche Probleme sie haben und denen, die nicht wissen, welche Probleme sie haben und die es erst dann wissen werden, wenn sie die Probleme gelöst haben Und es soll denen helfen, die Probleme haben werden, von welchen sie noch nichts wissen und die diese Probleme nicht bekommen werden.

Danksagung

Mein Dank gilt allen meinen Lehrern, insbesondere aber denen, welche in den letzten 2 Jahrzehnten des vergangenen Jahrtausends das Neuro-Linguistische Programmieren ausgearbeitet und weiter entwickelt haben und von denen ich selbst am meisten gelernt habe, also Richard Bandler und John Grinder, Coninnirae Andreas, Robert Dilts, Ted James und den anderen NLPlern, welche NLP nicht nur praktiziert, sondern gelehrt und fortentwickelt haben. Wer seinen Lehrern danken will, der nimmt ebenfalls das Erlernte nicht nur auf, sondern hilft mit, es zu verbreiten und erweitern. So sind einige Gedanken und Überlegungen von mir in dieses Büchlein eingeflossen wie die Behandlung von Neurodermitis und von Schwangerschaftserbrechen. Nachdem ich einige Fallbeispiele niedergeschrieben und verteilt hatte, bemerkte ich zu meiner eigenen Verblüffung, daß sie selbst als Heilmittel wirken und sonst nichts weiter nötig war, als sie zu lesen. Mit meinem Büchlein will ich diese einfache Möglichkeit einer Heilung verschiedener Leiden vielen Kranken zur Verfügung stellen.

Mein Dank gilt ferner:

Frau Barbara Neumann, welche mir zutraute, daß ich ein Buch schreiben kann.

Frau Elsa Fischer, der ich ein Buch versprochen hatte.

Frau Elisabeth Grosse-Natrop, welche mich künstlerisch beriet.

Anfänge

Nachdem ich meine Ausbildung zum Medizinmann abgeschlossen und gut 2 Jahrzehnte meine Patienten so behandelt hatte, wie ich es eben gelernt hatte, bemerkte ich, daß meine Kenntnisse und das, was ich tat, für viele meiner Patienten nicht ausreichte. Sie kamen auch mit seelischen Problemen zu mir und die Psychopharmaca halfen da auch nicht so recht weiter - ja, die Patienten wollten sie oft nicht einmal nehmen. Bislang dachte ich damals, für die Seele seien die Seelen-Hirten und eventuell für die Psyche die Psycho-Therapeuten zuständig. Aber die Leute wollten oft nicht in die Kirche gehen und für diese Bagatell-Fälle hatten die Psychotherapeuten oft keine Zeit - oder besser gesagt - kein Interesse und so kamen sie zu mir als ihrem Hausarzt.

Wir alle kommen oft mit unseren seelischen Problemen nicht zurecht und so zerbrechen wir uns den Kopf und haben davon Kopfschmerzen, wir können etwas nicht hinunterschlucken und es schnürt uns den Hals zu, wir fühlen uns bedrückt und es drückt uns die Luft ab und wir bekommen Herzbeschwerden und Atemnot. Es schlägt uns auf den Magen und wir sind sauer - etwas geht uns an die Nieren und wir haben Kreuzschmerzen, wir ärgern uns und dann läuft uns die Galle über. Wir haben Angst und schütten mehr Streßhormon - das Adrenalin - aus und der Blutdruck steigt, davon bekommen wir einen starken Kopfdruck - als ob der Kopf platzen will. Das Adrenalin beschleunigt den Puls und das Herz beginnt zu rennen und bis zum Hals zu schlagen und diese innere Unruhe verstärkt das Angstgefühl bis hin zur Panik. Wir möchten davor davon rennen, aber wir können natürlich nicht vor uns selbst davonlaufen. Wer genau hinhört, der wird aus dem, was unsere Mitmenschen sagen, sehr viel mehr heraushören und erklären können, was so in ihnen vor sich geht. Wir Menschen sagen nicht immer, was wir denken, aber wir zeigen so, wie wir denken und was wir fühlen und über diese körperlichen Aussagen zeigen wir unsere seelischen Probleme und Nöte.

Bislang hatte ich nur die Symptome behandelt. Auch das hat meinem Patienten natürlich geholfen - für einige Zeit - aber allein hat es oft nicht ausgereicht, manchmal waren die begleitenden Nebenwirkungen recht unangenehm und die Leute wollten sie nicht mehr auf sich nehmen. Aber Menschen sind lernfähig und so haben die Patienten ihre Probleme oft selbst gelöst. Der Volksmund sagt richtig:„Die Zeit heilt alle Wunden". Nur haben wir Menschen oft nicht soviel Geduld und soviel Zeit, um darauf zu warten. So habe ich meine Aufgabe darin verstanden, als Katalysator zu wirken und diese Lern-Prozesse zu beschleunigen und so diese Veränderungen zu ermöglichen. Am Anfang meiner Bemühungen um diese Art von Problemlösungen ging das recht langsam.

Eine ca. 25-jährige Patientin kam wegen einer Spinnen-Phobie zur Behandlung. Das klingt eher lustig und nach „igitt - igitt", aber - die Patientin konnte nicht mehr allein in Wald und Flur spazieren oder ins Freibad gehen, denn sobald ein Insekt sie anflog, konnte sie nur noch in Panik völlig hilflos schreien und mußte sich von einer Begleitperson aus dieser Situation befreien lassen. Mit autogenem Training, Hypnose und allgemeiner Gesprächstherapie konnte ich sie von ihrer Phobie befreien. Allerdings dauerte es damals - vor fast 10 Jahren - gute neun Monate. Für mich war es ein ruhiger Ausklang des Arbeitstages, diese recht hübsche junge Frau als letzte Patientin auf der Untersuchungsliege anzuschauen.

Auf der Suche nach neuen Möglichkeiten in der Therapie fielen mir in der Büchereien einige Bücher über eine neue Richtung in der Kurzzeitbehandlung, - NLP – genannt, auf.

Da behaupteten ein Richard Bandler und ein John Grinder eine Phobie in nur zwanzig Minuten beseitigen zu können - und über den Unterschied zwischen der klassischen Methode und dem NLP sagten sie:„Es sind ungefähr neun Monate".

Ich dachte an meine Patientin mit der Spinnenphobie und meine neun Monate Therapie und dachte, wenn Psychologen so etwas in einer Sitzung schaffen, dann möchte ich „DAS!" auch können und beschäftigte mich zunächst intensiv mit der Theorie.

Ich hatte aber immer wieder Patienten mit solchen Problemen oder bekam sie überwiesen. Daher drängte sich mir alsbald der Wunsch auf, diesen Menschen zu helfen und die neu erworbenen Kenntnisse so in die Praxis umzusetzen und so fing ich vorsichtig an, meine Patienten mit NLP-Techniken zu behandeln - - - und siehe da - - - auch ich konnte in nur einer Sitzung viele Leiden heilen.

Nach einigen Jahren der Sammlung von eigenen Erfahrungen mit dieser Therapie begann ich, einige meiner eigenen Therapieerfolge als Einzelfallbeispiele niederzuschreiben. Nachdem ich diese Seiten einzelnen Patienten mitgegeben hatte, stellte ich überrascht und verblüfft fest, daß einige dieser Patienten schon durch einfaches Lesen der Texte nachhaltig von ihren Leiden geheilt wurden und so entschloß ich mich dazu, diese Seiten zu veröffentlichen, um so möglichst vielen Patienten durch einfaches Lesen oder Vorlesen bei Analphabeten, wie z.B. Kindern, zu einer Heilung von Erkrankungen zu verhelfen.

Das Neue hierbei ist, daß es nicht eine Anleitung zur Heilung oder Selbst-Heilung ist, ... *das Heilmittel ist der Text*!

Diese Leiden, wie die Allergien und psychosomatischen Erkrankungen, nehmen ja weltweit zu, und wenn nur ein kleiner Teil davon durch eine so einfache und sanfte Medizin wie es das geschriebene und gelesene Wort ist, geheilt wird, so ist das von großem Nutzen, nicht nur für die Patienten, sondern auch für uns alle.

Durch Lesen geheilt

Eine erfreuliche Nachricht brachte mir Mitte November 1998 eine unserer tüchtigen Pharma-Referentinnen.

Bei ihrem vorigen Besuche im September hatte sie mir die Allergie-Präparate ihrer Firma vorgestellt.

Ich sagte ihr damals:„Ich habe da so meine eigene Methode, um Allergien zu heilen" und gab ihr einige Beschreibungen zu Fallbeispielen zum Lesen mit. Als sie Mitte November in die Praxis kam, erzählte sie mir:„Ich habe ihre Beispiel-Sammlungen gelesen und seitdem ist meine Allergie weg!"

Auf weiteres Befragen erzählte sie mir:„Meine Allergie besteht seit der Geburt meines Sohnes vor 24 Jahren. Ich hatte anfangs auf die obengenannten Frühblüher eine stark verstopfte Nase und mußte sogar in der Nacht drei – viermal Nasentropfen nehmen.

Da diese Nasentropfen nicht dauernd genommen werden dürfen, riet mir mein Hals Nasen Ohren Arzt, sie einfach wegzuwerfen.

Nur das ging leider auch nicht, weil ich mit dem Gefühl der Atemnot nicht schlafen kann. Außerdem habe ich noch rote Augen und ein allgemeines Müdigkeitsgefühl. Im Laufe der Jahre hat sich die Allergie auch auf andere Substanzen erstreckt und so hat mein Heuschnupfen allmählich über das ganze Jahr bestanden.

Seit ich Ihre Fall-Beschreibungen gelesen habe, ist meine Allergie weg und ich habe keine Beschwerden mehr und vor allem kann ich nachts durchschlafe, ohne drei bis vier mal Nasentropfen nehmen zu müssen und so geht es mir allgemein viel besser."

Sie war wegen der Wirkung allerdings noch etwas skeptisch und wollte anschließend das Frühjahr – ihre Allergie Hauptzeit – abwarten.

Ich habe ihr dann nur noch versichert: „Wenn die Allergie weg ist, dann ist sie meist wirklich weg und dann werden Sie auch im kommenden Jahr und weiterhin frei davon sein!"

Nun, ganz so war es diesmal nicht. Etwa ein halbes Jahr später kam sie wieder einmal zum Routine-Besuch in unsere Gemeinschaftspraxis, allerdings war ich an diesem Tag nicht in der Praxis – und – weil sie jetzt doch wieder leichtere Beschwerden von Seiten der Allergie hatte, bekam sie von meinem Kollegen außer guten Ratschlägen auch einige von diesen neueren – recht guten – Medikamenten mit. Als sie etwa ein viertel Jahr später erneut in die Praxis kam, war auch ich selbst da und riet ihr:„Lesen Sie sich bitte alles noch einmal durch und verinnerlichen Sie es sich. Falls Sie frei von der Allergie werden, so teilen Sie es mir bitte mit, und falls es nicht wirkt, dann kommen Sie einfach zu einem NLP – Therapie Termin zu mir!"

Bei ihrem nächsten Besuch – wieder ein viertel Jahr danach – konnte sie mir sagen: „Die Allergie ist wieder weg!"

Ich ging jetzt davon aus: wenn es bei einem Patienten zur Heilung gekommen ist, so können durch einfaches Lesen auch andere Patienten geheilt werden und so ist es inzwischen auch geschehen und so wünsche ich möglichst vielen dieser Patienten, daß sie durch Lesen dieser Fallbeispiele ihre eigene Heilung erzielen.................

und ich bitte um Eure Rückmeldung.

Pollinose durch Lesen geheilt

Ein 28-jähriger Taxifahrer litt seit 3 Jahren an einem Heuschnupfen und ab dem zeitigen Frühjahr bis in den späten Sommer hinein hatte er rote brennende Augen, eine rote verquollene Nase und bekam durch den Juckreiz in der Nase häufige und sehr störende Nießanfälle - und die begleitende Müdigkeit und Abgeschlagenheit war ebenfalls nicht gut für ihn und seine Passagiere.

Eine Allergie - Testung am 10.05.98 an den Unterarmen erbrachte nicht nur Reaktionen wie auf Mücken- oder Flohstiche, sondern beide Unterarme wurden flammend rot.

Entsprechend seiner Beschwerden zeigten sich starke Reaktionen auf Birken-, Erlen-, Roggen-, Hasel-, sowie Gräser- und Getreide-Pollen.

So bestellte ich ihn zu Blutuntersuchung am Tage darauf - und das Labor bestätigte diesen Befund mit einem hochgradigen Allergie-Verdacht durch einen IGE-Wert von 109 kn/l - normal ist dieser Wert unter 20 kn/l, also war die allergische Rhinitis diagnostisch gesichert.

Nachdem sich eine Pharma-Referentin interessehalber einige meiner Berichte mitgenommen hatte und allein durch das Lesen ihren lästigen ganzjährigen Heuschnupfen verloren hatte, wollte ich es natürlich genau wissen, denn für mich war es eine „Ja-Nein" Frage, - wenn es einmal geht, dann muß es auch öfters gehen! - und so gab ich ihm einige dieser Berichte zum Lesen mit.

Nur eine Woche später sprach er mich beim Verlassen der Praxis - zwischen Tür und Angel - an und sagte:„Ich wollte Ihnen nur sagen, daß ich Ihre Berichte gelesen habe und seitdem von dem Heuschnupfen geheilt bin!"

Nun, ich habe inzwischen noch mehreren Patienten meine Fallbeispiele mitgegeben und bin dabei, sie auch ins Internet zu stellen, um sie möglichst vielen Patienten zur Verfügung zu stellen, denn eine einfachere und elegantere Heilungsmethode als einfaches

Lesen, für die immer häufiger auftretenden allergischen Erkrankungen, kann ich mir nicht vorstellen.

Pollinose und Dermatitis geheilt

Im Frühjahr 1999 brachte eine Frau ihre 15-jährige Tochter in meine Sprechstunde. Das Mädchen war an einer schweren Lungenentzündung erkrankt und es gelang mir, mittels geeigneter antibiotischer Behandlung die Erkrankung schnell zu heilen. Auf meine übliche Frage nach sonstigen Krankheiten des Mädchens und der Familie erzählte mir die Mutter, daß sowohl ihr Mann – ein mir benachbarter Zahnarzt – als auch die beiden Töchter – meine junge Patientin und ihre 4 Jahre jüngere Schwester – an Heuschnupfen leiden und die kleine Tochter außerdem noch recht häßliche rote Flecken am ganzen Körper bekomme.

Nachdem ich schon mehrfach erlebt hatte, daß die Allergie durch einfaches Lesen meiner Fallbeispiele verschwindet, gab ich ihr einige dieser Texte zum Lesen und Verinnerlichen für ihre Lieben mit und bat um Rückmeldung, ob die Allergie bei einem ihrer Familienangehörigen verschwindet und sagte noch:„Falls es nicht klappt, mache ich eine Therapie-Sitzung – am Besten mit allen auf einmal"– – und dann kam doch keine Rückmeldung!

In der ersten Januar-Woche 2000 kam die Mutter mit meiner jetzt 16-jährigen Patientin wegen einer Erkältung in die Praxis und wir freuten uns, daß es diesmal keine schwere Lungenentzündung war. So ganz nebenbei fragte ich nach der Wirkung meiner Literatur und zu meiner Freude antwortete die Mutter: „Am Anfang waren wir nur amüsiert und haben darüber nur gelacht und dann hat jeder für sich die Texte noch einmal durchgelesen – – – und – – – innerhalb von weniger als 14 Tagen waren alle Symptome der Allergie – also der Heuschnupfen mit den roten Augen, der verquollenen Nase und der allgemeinen Müdigkeit und Abgeschlagenheit verschwunden und auch der häßliche Ausschlag mit den roten Flecken am ganzen Körper bei meiner kleinen Tochter ist geheilt und nicht mehr aufgetreten."

Allergie geheilt

Als Elisabeth 18 Jahre alte war, bekam sie im Frühsommer rote verquollene Augen und eine ebenfalls rote, juckende Nase mit Niesanfällen.

38 Jahre lang trat dieser Heuschnupfen auf und immer wenn die Gräser blühten, war sie deshalb lieber im geschlossenen Zimmer als an der frischen Luft und in der freien Natur.

Im Laufe der Jahre kam auch noch eine sehr lästige Atemnot hinzu und die Lunge pfiff beim Atmen. Medikamente brachten nur stundenweise Linderung und geholfen hatte in den letzten drei Jahren nur eine teure Ozon – Therapie.

Das war die Situation als ich sie kennen lernte.

Ich erzählte ihr von meiner Art der Therapie und sagte: „Das bekomme ich so weg!" und schnipste dazu mit den Fingern. Nun, ich wußte, wovon ich sprach, denn NLP wirkt meist so schnell, daß es wie Zauberei wirkt. Von jetzt auf nachher sind viele Probleme verschwunden, so als hätte es sie nie gegeben.

Es wurde Frühjahr und wir planten – auf ihren Wunsch hin – in ihrer Allergie-Zeit in Urlaub zu fahren, um den bösen Gräserpollen auf und davon zu fliegen.

Mit der Therapie – die man natürlich jederzeit machen kann – wartete ich, bis im Frühsommer die ersten Anzeichen der Allergie auftraten, die Augen rot wurden, die Nase juckte und ein Druck auf der Brust mit Atemnot einsetzte. Sie nahm ihre Augentropfen und ihr Asthmaspray ein paarmal und lachte mich nur aus, wenn ich „schnips" mit den Fingern machte und sagte: „Mir hat nur die Ozon Therapie geholfen und die hast Du mich ja nicht machen lassen!"

So ganz nebenbei hatte ich mit ihr aber schon einen Teil der NLP Behandlung gemacht. Ich hatte ihr erklärt, wie toll unser Immunsystem erarbeitet und wie schnell es mit den meisten Viren fertig wird. Es hat sogar ein Gedächtnis und merkt sich die Viren die es schon kennt und schon bekämpft hat. Wenn wir dann mit diesen

Viren wieder in Kontakt kommen, so treten die Gedächtniszellen in Aktion und diese Viren werden so schnell vernichtet, wie sie im Körper ankommen und so bekommen wir die Kinder-Krankheiten wie Windpocken, Masern und Röteln nur einmal im Leben.

Das Immunsystem muß viele verschiedene Viren bekämpfen und hat enorm viel zu tun und dabei unterläuft ihm manchmal eine kleine Verwechslung. Es kennzeichnet völlig harmlose Dinge – wie z.b. Blüten- und Gräserpollen, Tierhaare, den Kot von Hausstaubmilben, ja sogar Metalle wie Chrom und Nickel und auch Nahrungsmittel wie Kuhmilch- und Hühnereiweiß, Sellerie, Erdbeeren, Nüsse und so fort als gefährliche Viren und bekämpft sie, nachdem die Gedächtniszellen sie bemerkt haben. Immer, wenn dann die Pollen fliegen, kommt in der Saison der Heuschnupfen und das Asthma bronchiale. Bei anderen Allergien tritt beim Kontakt allergische Rhinitis und Konjunktivitis, die Nesselsucht, die Magendarmstörung oder gar der oft tödliche allergische Schock auf.

Als Elisabeth Mitte Mai die ersten Symptome zeigte, wartete ich noch einige Tage ab. Es ist wirklich viel eindrucksvoller, wenn Beschwerden verschwinden, als wenn Sie garnicht erst auftreten. Nachdem Sie schon ein wenig leiden mußte und sich kaum mehr vor die Haustüre traute, beschloß ich einzugreifen.

Ich sagte ihr:„Stell Dir mal vor, Du würdest unter einer Plexiglas-Glocke sein und draußen....“

Sie lachte nur und sprach: „Nein!Nein! – ich will nicht unter einer Glocke eingesperrt sein!“ - und damit war die Sache vorerst gelaufen. Zwei Tage später startete ich einen neuen Versuch. Diesmal schickte ich sie auf einen Berg, dort wo keine Pollen fliegen. Dann ließ ich sie hinunter in das Tal und dort eine zweite, andere Elisabeth sehen, deren Immunsystem keine Verwechslung begangen hat und die deswegen auch völlig frei von Symptomen ist. Die Augen sind klar, Nase ist frei und die Atmung geht leicht und alles ist normal.

Jetzt ließ ich die zweite Elisabeth heraufkommen und sich mit der ersten Elisabeth vereinen und alles Wissen von der zweiten Elisabeth in sich aufnehmen.

Elisabeth lachte mich nur aus und erzählte ihren Bekannten: „Erst hat er mich unter eine Glocke gesteckt und dann einen Berg hinauf geschickt."

Einige Tage vergingen und Heuschnupfen sowie Asthma waren fort, wie weggeblasen. Sie glaubte es immer noch nicht und meinte: „Warte nur, bis der Mohn blüht!" Am Abend brachte ich ihr roten Klatschmohn von der nächsten Wiese mit. Sie sagte: „Wartete nur bis Anfang Juni, dann geht es richtig los und ich kann nicht mehr nach draußen!"

Der Juni kam – – – nur die Allergie kam nicht!

Um den bösen Pollen aus dem Weg zu gehen, hatten wir eine Reise nach der griechischen Insel Kos gebucht. So verbrachten wir den mittleren Teil des Juni auf der Geburtsinsel des Hippokrates.

Auch bei der Rückkehr trat die Allergie nicht mehr auf und wird es nun auch nicht mehr tun.

Asthma-Heilung auf Teneriffa

In meinem letzten Urlaub auf Teneriffa wurde ich zu einer 76-jährigen Apothekerin im Ruhestand geschickt. Sie sah recht schlecht aus und fühlte sich auch so, sie hustete dauernd und sie bekam kaum noch Luft. Sie erzählte mir, daß sie drei Apotheken aufgebaut habe und erst vor einigen Jahren in den Ruhestand gegangen wäre. Vor 2 Jahren habe sie eine schwere Lungenentzündung durchgemacht und seit einem Jahr habe sie Asthma mit Atemnot-Anfällen. Jetzt litt sie an einer schweren eitrigen Bronchitis und wurde von einem ortsansässigen Kollegen mit Antibiotika behandelt. Von diesem Kollegen war ihr auch gesagt worden, daß sie für eine Rückreise viel zu krank sei und die Rückreise noch nicht einmal im Liegen überstehen würde. Sie fühlte sich recht elend und als ich sie nach ihrer Lebenserwartung befragte, sagte sie: „Ich habe vielleicht noch eineinhalb bis zwei Jahre und die werden nicht gut sein. Wenn ich in die Zukunft sehe, so schaue ich nach unten in ein dunkles schwarzes Loch."
Ich dachte, das sind keine guten Perspektiven um wieder heil und gesund zu werden. Ein Vorschaden durch die schwere Lungenentzündung, das schwere Asthma mit Atemnot und jetzt noch die schwere eitrige Bronchitis und dazu die Aussicht auf eine Leidenszeit von ein bis zwei Jahren und danach das Grab. Wozu sollte sich die körpereigene Abwehr – also das Immunsystem – da noch anstrengen? Es scheint ja sowie so alles umsonst zu sein .
Ich machte mit ihr zunächst einmal den Allergieprozeß und sagte zu ihr: „Stellen Sie sich einmal vor, wie sie als Kind die Windpocken bekommen haben und wie Ihr Immunsystem sich dieses Virus gemerkt hat und in Zukunft hat es sofort reagiert, wenn diese Viren wieder in den Körper gelangt sind. Ihr Immunsystem hat diese Viren genauso schnell vernichtet, wie sie im Körper angekommen sind. Bei einer Allergien merkt sich das Immunsystem etwas, was vielleicht einem Virus ähnlich ist und wenn diese Stof-

fe wie Pollen oder Tierhaare das nächste mal im Körper ankommen, reagiert es genauso mit einer sofortigen Abwehr. Allerdings bleibt der Erfolg aus, denn es handelt sich ja nicht um Viren, welche vernichtet werden können, sondern um Partikel, welche sich sowieso nicht im Körper vermehren können. Aber weil die scheinbare „Infektion" weiter besteht, greift das Immunsystem in immer stärkeren Wellen an und dabei macht es im blindwütigen Drauflosschlagen auch viele eigene Körperzellen kaputt. Diese Zellen schicken Hilferufe aus in Form von Botenstoffen, der wichtigste davon ist das Histamin. Dieses Histamin bewirkt vor allem zwei Körper-Reaktionen, die eine besteht in einer Gefäßerweiterung, denn es sollen schneller Abwehrstoffe an die Front gelangen und Giftstoffe können schneller abtransportiert werden. So bekommen die Patienten beim Heuschnupfen die roten entzündeten Augen und die verquollene Nase oder die roten geschwollenen Hautflecken bei der Nesselsucht und durch den gesteigerten Druck im Gewebe kommt dann noch der quälende Juckreiz hinzu. Manchmal kommt es zu einer so schnellen Erweiterung der Gefäße - nicht nur auf den Schleimhäuten oder der Haut, sondern im ganzen Körper - daß die Patienten einen allergischen Schock erleiden und daran sogar sterben können. Die andere Histamin – Reaktion ist der Krampf in den Muskeln um die Bronchien – es soll ja möglichst wenig von dem Giftstoff in die Lunge gelangen – aber der Muskelkrampf führt zu einer starken Verengung der Bronchien und so entsteht die Atemnot! Auch im Asthmaanfall können Patienten sterben und die Menschen, welche nicht im Anfall sterben, erleiden eine fortschreitende Verschlechterung ihrer Erkrankung und sterben oft an den Folgen der Allergie.

Mit Medikamenten können wir nur die Symptome für Stunden bessern – heilen können wir die Allergie damit nicht. Das Immunsystem hat seine Lektion zu gut gelernt und erledigt seine Arbeit, auch wenn es durch den Fehler einen nicht vorhandenen Feind angreift. Aber weil das Immunsystem so lernfähig ist, kann es auch eine falsch gelernte Reaktion wieder verlernen und so wieder „normal" reagieren. Manchmal geschieht das scheinbar von allein und wir nennen das eine Spontan–Remission, wir können das zwar benennen, – ohne es erklären zu können. Aber jetzt können wir dem Immunsystem auch dabei helfen und dazu benötigen wir keine Medikamente, sondern nur den kurzen Allergie Prozeß- also ein gezieltes Gespräch.

Nachdem ich Ihr das alles erklärt hatte und so den ersten Teil des Allergieprozesses abgeschlossen hatte, sagte ich zu ihr: „Jetzt setzen Sie sich bitte ganz locker und entspannt hin und stellen Sie die Füße nebeneinander auf den Boden und lassen Sie die Hände dort liegen wo sie gerade sind und schließen Sie die Augen und hören mir gut zu."

Sie lehnte sich zurück und entspannte sich und schloß die Augen.

Ich sagte: „Stellen Sie sich bitte vor: direkt vor Ihnen ist eine Plexiglaswand durch die Sie alles sehen und durch die Sie auch alles hören können. Nur die Dinge, welche Ihnen schaden, können nicht durch diese Wand kommen und nun stellen Sie sich vor, daß Sie sich auf der anderen Seite selbst sehen - ein paar Jahre jünger als jetzt und ohne das Asthma und ohne die Atemnot..........."

Sie öffnete die Augen und sah mich an und sprach: „Sie wollen mich wohl hypnotisieren?"

Ich lachte sie nur an und sagte: „Ja, aber machen Sie ruhig mit – es wirkt so besser !"

Sie schloß die Augen wieder und entspannte sich. Ich wiederholte meine Anweisungen und sagte weiter: „......und Sie sehen sich selbst ohne diese ganzen Beschwerden und so wie Sie sich gern wieder sehen möchten und mit einem Immunsystem, welches diesen Verwechslungsfehler nicht begangen hat und auf harmlosen Staub ganz normal reagiert – – – und jetzt lassen Sie sich langsam älter werden und mit den Dingen in Kontakt kommen, welche bis jetzt das Asthma ausgelöst haben und weil das Immunsystem keine Verwechslung begangen hat, reagiert es dort drüben ganz normal und - es geschieht Nichts! Das Immunsystem reagiert auf diese Stoffe ganz gelassen – – – und jetzt lassen Sie die Plexiglaswand sich langsam auflösen und verschwinden und lassen Sie das zweite Ich ganz nah zu sich herankommen und weil es ein wichtiger Teil von Ihnen ist mit dem besseren Wissen und ohne den Verwechslungsfehler – nehmen Sie ihn voll in sich auf und lassen Sie ihn voll mit sich vereinigen und lassen Sie sich soviel Zeit dazu, wie Sie brauchen, um dieses Teil voll und ganz in sich aufzunehmen und in sich einzugliedern und, auch wenn es Ihrem Immunsystem am Anfang seltsam vorkommt, daß es nicht mehr mit der Allergie reagieren muß, so ist das ganz normal. Sobald Sie das Gefühl haben, das andere Ich völlig in sich aufgenommen zu haben, atmen Sie bitte dreimal tief ein und aus und erst dann machen Sie die Augen wieder auf!"

Sie atmete dreimal tief durch – schon viel tiefer als vor der Sitzung – und schlug die Augen auf. Wir unterhielten uns noch eine halbe Stunde und als ich mich verabschiedete, konnte sie schon recht normal atmen und hustete auch fast nicht mehr.

Weil sie – vorsichtshalber – mit mir noch einen neuen Termin ausgemacht hatte, besuchte ich sie ein paar Tage später noch einmal – – – und wie ich es erwartet hatte – – – ihre Atemnot war weg und es war, als ob ihr Asthma nie bestanden hätte – und ihre schwere eitrige Bronchitis hatte sich dramatisch gebessert. Jetzt hatte auch die Antibiotika-Therapie – vorher recht wirkungslos – endlich angeschlagen. Aus meiner Erfahrung mit anderen Patienten konnte ich ihr versichern, daß das Asthma weiterhin fortbleiben werde und sich die Infektanfälligkeit der oberen Luftwege normalisieren werde.

Das Asthma bronchiale hatte ich ja nun geheilt, aber ich wollte auch noch mehr tun und ihr die Aussicht auf ihren weiteren Lebensweg verbessern und ihr Immunsystem noch weiter stärken.

Also erzählte ich ihr von meinen Patientinnen mit einem Lebensalter um die einhundert Jahre, welche noch dazu recht rüstig und geistig erstaunlich klar sind.

Eine Patientin ist während meines Urlaubs siebenundneunzig Jahre geworden und lebt im normalen Altersheim – also nicht einmal auf der Pflegeabteilung – und gilt als pflegeleicht, weil sie sich dort noch weitgehend selbständig versorgt. Ich sagte danach zu ihr: „Nachdem das Asthma geheilt ist, haben Sie ebenfalls eine längere Lebenserwartung und nicht nur die eineinhalb bis zwei Jahre, wie Sie es mir sagten. Nun stellen Sie sich bitte einmal Ihren Lebensweg vor – am einfachsten so, daß Ihre Vergangenheit hinter Ihnen liegt...."

Sie sah mich an und sprach: „Dort liegt sie ja sowieso!" Ich sagte:„..und dann befindet sich Ihre Zukunft vor Ihnen und die Gegenwart – das Hier und Jetzt – ist dann in Ihnen."

So stellen sich viele Menschen ihren Lebensweg vor – ich nenne das die subjektive Sicht – aber Einstein hat uns gezeigt, daß alles relativ ist und das bedeutet – vereinfacht – es kommt auf den Standpunkt an. Wir Menschen sind fähig, unseren Standpunkt zu wechseln und das ist ganz einfach. Stellen Sie sich bitte vor, Sie würden Ihren Lebensweg von außen – also nicht subjektiv von innen, sondern objektiv, aus einiger Entfernung sehen – direkt vor sich, wie Sie selbst sich darauf bewegen – von der Vergangenheit in die Zukunft – und wie Ihr Lebensweg in der letzten Zeit nach unten geht – bis in das dunkle schwarze Loch. Sie war inzwischen wieder in Trance gegangen und konnte meinen Anweisungen so noch besser folgen. Jetzt sagte ich zu ihr: „Ihr Asthma ist geheilt und nun lassen Sie Ihren Lebensweg wieder nach oben laufen und machen Sie ihn schön hell und stellen Sie sich vor, was Sie noch alles an guten Dingen vorhaben und stellen Sie diese Vorhaben in Ihren Weg in die Zukunft – als ganz helle Lichtpunkte – ein paar ganz nah und dann einige etwas weiter weg, bis die nächsten fünfzehn bis zwanzig Jahre voll davon sind und machen Sie so Ihren Lebensweg noch heller, damit Ihnen das Leben wieder gefällt!"

Schon während ich noch sprach, konnte ich sehen, wie ihr Atem noch tiefer und ruhiger wurde und ihr Gesicht eine gesunde Farbe bekam und so sagte ich: „Bitte atmen Sie jetzt wieder dreimal tief durch und wenn Sie das Gefühl haben, Sie sind dazu bereit und haben alles gut verinnerlicht und – – – erst dann – – – machen Sie die Augen auf!"

Nach einigen Minuten atmete sie mehrmals tief durch und mit einem erleichterten Seufzer öffnete sie die Augen – – – ich sah ihr an, daß es ihr viel besser ging.

Mit der Rückreise nach Deutschland riet ich ihr noch abzuwarten – nicht weil es noch nicht möglich sei – sondern nur wegen der erneuten Ansteckungsgefahr.

Zwei Monate später rief sie mich von zuhause an, die Rückreise war problemlos verlaufen und sie klang recht frisch und es ging ihr gut.

Kinderasthma geheilt

Ein Ehepaar aus dem Balkan brachte von zu Hause ein adoptiertes Kind mit. Als der Adoptivsohn 10 Jahre alt war, erkrankte er an Asthma bronchiale. Der Adoptiv-Vater und die kurerfahrene Großmutter, sowie die Großtante sagten alle: „Er muß auf Kur gehen!" Um die Kur durch mich zu beantragen, wurde mir das Kind vorgestellt.

Zum Test fragte ich den sehr intelligenten Jungen: „Möchtest Du lieber gesund sein - oder möchtest Du lieber zur Kur gehen?" Psychologisch ist es besser, das, worauf man eine Ja-Antwort haben will, an das Ende der Frage zu stellen – und trotzdem antwortete der Kleine nur: „Ich möchte lieber gesund werden!" So bestellte ich ihn einige Tage später zur Therapie in die Praxis. Ich erklärte ihm: „Das Asthma entsteht, weil Dein Immunsystem – welches für die Abwehr von krankmachenden Viren zuständig ist, bei seinen vielen Aufgaben ganz einfach einen Fehler oder eine Verwechslung begangen hat und völlig harmlose Dinge wie Pollen von Blüten oder Bäumen als gefährlich eingestuft hat und sich das auch so gemerkt hat – und jedesmal, wenn Du diese Pollen in die Bronchien einatmest, schlägt das Immunsystem mit voller Kraft zu – völlig sinnlos und auch ohne Erfolg – und dabei macht es so nebenbei auch viele Zellen von Dir kaputt.

Diese Zellen senden Hilferufe in den Körper aus und als Folge darauf verkrampfen sich die Muskeln um Deine Bronchien und Du bekommst einen Asthmaanfall. Hast Du bis jetzt alles verstanden?" Er nickte und sagte: „Ja". Daraufhin fragte ich ihn: „Wenn Du in der Schule in einer Arbeit Fehler gemacht hast, was läßt der Lehrer Dich dann machen?" – und er antwortete: „Dann mache ich eine Berichtigung." Ich sagte: „Natürlich – so ist es – und jetzt machen wir für Dein Immunsystem eine Berichtigung."

Bitte setz´ Dich einmal ganz locker hin, lehn´ Dich zurück im Sessel und mach´ die Augen zu, damit Du mir besser zuhören und innere Bilder machen kannst! – Und nun stell Dir vor – vor Dir ist ein Zauberspiegel, durch den Du hindurchsehen kannst – Du siehst Dich nicht darin so wie sonst – sondern Du kannst hindurchschauen und auf der anderen Seite siehst Du Dich selbst – als Du noch etwas kleiner und jünger warst und als Du die Atemnot noch nicht hattest. Du siehst Dich, wie Du Dich völlig wohlfühlst und es Dir gut geht – und nun laß' Dich dort drüben ganz langsam älter werden und weil Dein Immunsystem dort drüben keine Verwechslung begangen hat und nicht den Fehler gemacht hat, sich harmlose Dinge wie Blüten- oder Baumpollen als gefährliche Viren zu merken, darum bleibt die Atmung bei Deinem zweiten Ich dort drüben völlig frei und es fühlt sich weiter wohl und gesund .... und wenn Dein zweites Ich so alt ist, wie Du jetzt bist, dann laß es langsam auf Dich zukommen – und laß es durch den Zauberspiegel kommen – bis es ganz nah bei Dir ist – und dann nimm es ganz fest in die Arme und zieh' es in Dich hinein – und nimm Dir alles neue, gute Wissen um gefährliche Viren und harmlose Pollen in Dich auf – denn dieses Wissen gehört Dir ganz allein – – – auch wenn es Deinem Immunsystem am Anfang vielleicht etwas seltsam vorkommt, nicht mehr mit dem Asthma auf harmlose Pollen zu reagieren – so ist das ganz normal." Er war unter meinem Reden in eine sanfte Trance geraten und so sagte ich zum Schluß: „Nun atme 3x ganz tief durch – – – und mach dann die Augen auf!" Er sah mich nur etwas erstaunt an – aber seine Atmung war normal und sein Asthma ist geheilt.

Neurodermitis geheilt

Eine Patientin erzählte mir, daß ihre kleine sechsjährige Tochter an Heuschnupfen leide. Immer am 30. April tritt er auf. Ich sagte ihr daraufhin, daß sich der Heuschnupfen oft verschlechtere und manchmal auch in Asthma bronchiale übergeht, wir Mediziner nennen das einen Etagenwechsel.

Es ist also sinnvoll, den Heuschnupfen zu beseitigen wenn es möglich ist. Mit NLP-Methoden kann man oft Allergien wegzaubern und wir sollten das Mädchen behandeln.

Die junge Frau fragte mich, ob das auch bei Neurodermitis gehe – die Schwester mit sieben Jahren habe eine solche Erkrankung. Ich antwortete ihr: „Ich habe es noch nicht gemacht, aber in der Literatur wird beschrieben, daß es gehen müsse und ich würde es gerne probieren."

Als die beiden niedlichen Mädchen mit ihrer Mutter bei mir im Sprechzimmer saßen, machte ich mit den Kindern den etwas modifizierten NLP Allergie Prozeß.

Ich sagte zu den beiden Mädchen: „Macht bitte mal eure Augen zu und stellt euch vor, daß vor Euch ein großer Zauberspiegel steht. Durch den Zauberspiegel könnte ihr euch sehen – nicht im Spiegel wie sonst – sondern hinter dem Spiegel seht ihr euch selbst, als ihr etwas jünger und noch kleiner gewesen seid. Hinter dem Zauberspiegel gibt es einem Schatz in einer großen Schatztruhe und ihr werdet diese Truhe finden, sie öffnen und den Schatz heben.

Ihr seht euch jetzt dort hinter dem Zauberspiegel ganz frei von Beschwerden, Tamara hat keine roten Augen und keine juckende Nase und was noch so alles dabei ist und Natalia hat eine reine glatte Haut und keinen Juckreiz mehr.

Seht euch genauso, wie ihr euch selbst gern sehen möchtet und fühlt euch dabei völlig wohl und ohne Beschwerden. Schaut es euch ganz genau an und macht alles richtig auf der anderen Seite des Zauber Spiegels und findet die Schatztruhe und hebt den Schatz und dann seht euch dort drüben langsam etwas größer und älter werden – bis ihr so groß und alt seid wie jetzt, dann laßt ihr die andere Tamara und die andere Natalia ganz nahe heran kommen und laßt euch durch den Zauberspiegel auf diese Seite des Spiegels kommen und den Schatz mitbringen und laßt die andere Natalia und die andere Tamara ganz nah an euch herankommen und wenn euer zweites ich ganz nah ist, dann nehmt ihr es in euch auf und zieht es ganz fest in euch hinein und nehmt das ganze neue Wissen und gute Fühlen in euch auf und haltet es ganz fest und behalte den Schatz, er gehört euch.

Und jetzt holt bitte dreimal ganz tief Luft – so ist es gut – und noch einmal – gut so – und noch einmal ganz tief Luft holen – und jetzt macht die Augen wieder auf."

Sie saßen mit offenen Augen da und schauten mich und ihre Mutter etwas erstaunt an, sonst war ihnen nichts anzumerken.

Einige Monate später rief ich die junge Frau an, um nachzufragen. Sie erzählte mir am Telefon: „Der Heuschnupfen bei Tamara ist pünktlich am 30.04. aufgetreten, aber nur ganz schwach, und die Neurodermitis von Natalie ist weg."

So war es auch im Jahr danach noch, weil die Mutter wegen eines Umzuges einen zweiten Termin im Jahr darauf verpaßt hatte.

Nahrungsmittel-Allergie geheilt

Eine gute Bekannte von mir hatte eine Erdbeer-Allergie und immer, wenn sie Erdbeeren aß bekam sie am Körper rötliche, etwas erhobene, etwa handtellergroße Flecken, welche stark juckten und außerdem kam noch ein Gefühl der Enge am Hals mit Atemnot hinzu. So mußte sie dem Genuß von Erdbeeren entsagen, egal ob als frische Erdbeeren, als Erdbeer-Kuchen, gezuckert mit Sahne, oder als Marmelade.

Ich erklärte ihr: „Eine Allergie entsteht nicht durch eine Schwäche des Immunsystems, sondern das Immunsystem ist sehr stark und hat sich nur einen, ansich harmlosen Stoff als gefährliches Virus gemerkt und so falsch eingeordnet. Und weil es ein so gutes Gedächtnis hat, bekämpft es die „Erdbeeren" jedesmal erneut und weil es damit keinen Erfolg hat greift es immer stärker an und gerät in Panik und macht dabei viele körpereigene Zellen kaputt. Dabei wird ein Botenstoff freigesetzt (das Histamin) und das bewirkt 1) die Gefäßerweiterung – bei Dir an der Haut – und 2) eine Verengung an den Bronchien, was sich bei Dir als Druck auf der Brust mit Atemnot zeigt. Hast Du das alles verstanden?" Sie antwortete: „Ja – aber was nun?" Ich leitete sie an und sagte: „Nun müssen wir nur noch die kleine Verwechslung im Immunsystem richtigstellen und das ist ganz einfach. Mach´ bitte folgendes: Du lehnst Dich entspannt zurück, schließt die Augen und hörst mir nur gut zu und es besteht keine Notwendigkeit Dich zu bewegen, Du hörst einfach nur gut zu - und nun stellst Du Dir vor, daß vor Dir eine Wand aus einem durchsichtigem Stoff, so wie Plexiglas entsteht – und Du kannst alles sehen – und Du kannst alles hören, was auf der anderen Seite geschieht – und dann stellst Du Dir vor, wie Du auf der anderen Seite ein zweites Ich vor Dir siehst, ein wenig jünger als Du jetzt bist und aus der Zeit, als Du die Erdbeerallergie noch nicht hattest – und Du läßt das zweite Ich dort drüben langsam älter werden – und Du siehst zu, wie es Erdbeeren ißt und wie sein Immunsystem sie richtig einordnet, nicht als ge-

fährliche Viren, sondern als harmlose, gut schmeckende Erdbeeren – und Du siehst, wie das andere Ich keine roten Flecken mit
Juckreiz und auch keine Atemnot bekommt- und dann siehst Du
zu, wie das zweite Ich all' die leckeren Erdbeer-Gerichte mit Sahne, als Erdbeer-Eis, als Marmelade oder als Torte essen kann und
wie das Immunsystem des anderen Ich ganz ruhig bleibt, weil es
weiß, daß Erdbeeren keine gefährlichen Viren, sondern etwas be-
kömmliches sind – und – daß es alle diese guten Dinge wunderbar
verträgt – und jetzt laß dieses zweite Ich langsam älter werden –
bis es so alt ist, wie Du jetzt bist – und nun laß' es an die Wand
herankommen und dann laß' diese Glaswand sich auflösen und
das zweite Ich ganz nah zu Dir herankommen und – weil dieses
andere Ich ein wichtiger Teil von Dir ist mit dem richtigen Wissen
über harmlose und gutschmeckende Erdbeeren - und weil dieser
Teil zu Dir gehört, so nimm es in die Arme und zieh' es ganz
langsam in Dich hinein – – – nur so langsam wie Du dieses neue
Wissen voll in Dich aufnehmen kannst – – – und laß' Dir soviel
Zeit, wie Du dazu brauchst und auch, wenn es Dir am Anfang
komisch vorkommt – auf Erdbeeren normal zu reagieren – dann –
und wirklich erst dann – – – atme dreimal tief ein und aus – gut so
- und zuletzt mach' bitte die Augen auf."
In den folgenden Monaten standen Erdbeeren - ohne Allergie -
mehrfach in der Woche auf dem Speiseplan.

Selbstheilung bei Nahrungsmittelallergie

In den letzten Jahrzehnten hatte sich bei mir eine Allergie auf Kuhmilch- und Milchprodukte und auf Hühnereiweiß entwickelt. Immer wenn ich Milch trank, Quark, Joghurt oder Eier aß, bekam ich Beschwerden mit dem Darm: Völlegefühl, Übelkeit, Brechreiz, Blähungen und oft hatte ich dabei ein Gefühl des Wundseins im Bauch. Das ging so weit, daß ich dann nicht einschlafen konnte und am nächsten Tag dafür recht müde war. Nachdem ich den Allergie – Prozeß mit mehreren Patienten gemacht und gute Erfolge mit Heilungen bei Asthma und Heuschnupfen erzielt hatte, besserte sich auch meine eigene Allergie etwas. Jetzt wollte ich es natürlich genau wissen und machte einfach diesen Prozeß mit mir selbst. Ich stellte mir vor: direkt vor mir ist eine Wand aus Plexiglas, durch die kann ich alles sehen, was auf der anderen Seite vor sich geht, nur Dinge welche mich gefährden könnten, kommen nicht hindurch und dann sehe ich mich auf der anderen Seite noch einmal als Kind und lasse mich langsam älter werden und ich sehe mich Milch trinken und Joghurt, Quark, Käse und Eier essen und es geht mir dabei und danach gut, weil mein Immunsystem weiß, daß Milch und Eier Nahrungsmittel sind und es begeht auch keinen Fehler und hält diese Dinge nicht für gefährliche Viren, welche es bekämpfen und vernichten muß, damit sie mir keinen Schaden zufügen können und weil es keine Verwechslung begeht kann ich weiter ungestraft Milch trinken und Eier essen und ich habe keine Darmbeschwerden und einschlafen kann ich auch normal. Während ich auf der anderen Seite der Plexiglas-Wand ohne diese lästigen Beschwerden älter werde und dann so alt bin, wie ich (damals) gerade bin und mich auf dieser Seite der durchsichtigen Wand geschützt bin, lasse ich mein zweites Ich von der anderen Seite langsam auf die durchsichtige Wand zugehen und dann lasse ich die Wand sich auflösen und mein anderes Ich mit all dem Wissen des Immunsystems und ohne die leidige Verwechslung auf mich zukommen und weil ich dieses neue Wissen haben möchte, nehme ich das andere Ich voll in mich auf und lasse mein Immunsystem dieses Wissen in aller Ruhe voll in sich aufnehmen- und obwohl ich mir dafür Zeit lasse, nimmt das sehr lernfähige Immunsystem dieses andere Wissen ganz schnell in sich auf und berichtigt den Fehler und beseitigt die Verwechslung. Ich bleibe noch etwas ruhig und entspannt sitzen und genieße die innere Ruhe und das Gefühl etwas Gutes für mich selbst zu tun und dann strecke ich mich und spanne die Muskulatur, so wie morgens vor dem Aufstehen – mache die Augen auf und gehe meiner Tagesarbeit nach. Seither ist die Nahrungsmittel – Allergie verschwunden und ich habe durch Milch und Eier keine Beschwerden mehr.

Hyperemesis gravidarum durch Lesen geheilt

Eine 21 Jahre alte türkische Patientin kam in die Vormittags-
sprechstunde und klagte: „Meine Periode ist seit 6 Wochen ausge-
blieben und mir ist ja so schlecht. Andauernd muß ich erbrechen,
gibt es denn das?" Viele schwangere Frauen mit diesem überstar-
kem Erbrechen leiden sehr darunter und werden im Krankenhaus
mit Infusionen behandelt. Ich wollte ihr natürlich schnell helfen,
aber ich wollte auch wissen, ob hier das Lesen eines meiner Texte
allein ausreichen würde und so gab ich ihr mit: Durch Lesen geheilt – als Grundinformation und – Schwangerschaftserbrechen
und Asthma geheilt – als Therapie. Weil ich aber befürchtete, daß
sie als Türkin und ohne die Muttersprache deutsch nicht auf das
Lesen allein reagieren würde und natürlich auch aus Neugier, gab
ich ihr einen Termin für den nächsten Tag.
Am Abend dieses Tages wurde ich zu ihrem Vater gerufen, welcher so schwer erkrankt war, daß ich ihn ins Krankenhaus einwei-
sen mußte. Meine Patientin stand mit der restlichen Familie am
Krankenbett und so konnte ich sie gleich selbst befragen. Trotz
der Sorge um den schwerkranken Vater und die Ablenkung durch
die Großfamilie hatte sie die Texte gelesen und sagte: „Es geht
mir schon viel besser!"
Einige Tage später kam sie in die Praxis und Brechreiz und Erbrechen waren verschwunden.

Schwangerschaftserbrechen und Asthma bronchiale geheilt

Es war am 3.12.97 in der Nachmittagssprechstunde, als eine werdende Mutter mit Schwangerschaftserbrechen und außerdem eine andere junge Frau mit Asthma bronchiale zu mir in Behandlung kamen. Ich hatte wenig Zeit, da ich für 17 Uhr einen anderen Termin vergeben hatte und ihn auch einhalten wollte. So habe ich zwischen 16,30 und 17 Uhr beide Patientinnen gleichzeitig behandelt. Mir war aufgefallen, daß bei dem Schwangerschaftserbrechen ganz ähnliche Symptome auftreten wie bei einer Nahrungsmittelallergie und so dachte ich nur, versuch doch einfach, sie auch so zu behandeln.

Ich holte also beide Patientinnen in mein Sprechzimmer und fragte sie, ob sie ihre Leiden behalten wollten. Sie wollten natürlich lieber frei von Beschwerden sein und sich wohl fühlen. Ich erklärte ihnen, daß eine Allergie auf einer Verwechslung des Immunsystems beruht und das Immunsystem hat sich diese Verwechslung in den Gedächtniszellen gemerkt. Beim Asthma sind es die Pollen oder andere Stoffe und bei dem Schwangerschaftserbrechen behandelt das Immunsystem den Embryo so wie gefährliche Viren und greift an. Weil es aber keinen Erfolg hat, gerät es in Panik und schlägt immer stärker zu und schießt weit über das Ziel hinaus und so treten die Symptome: Atemnot bei Asthma und heftiges Erbrechen – ähnlich einer Nahrungsmittelallergie – bei der Hyperemesis gravidarum auf. Hier greift das Immunsystem das werdende eigene Baby an, welches eigentlich den vollen Schutz durch die Mutter braucht und durch diese Verwechslung geht es der Mutter so schlecht, daß sie oft im Krankenhaus mit Bettruhe und Infusionen behandelt werden muß, weil durch das starke Erbrechen sie und das Kind geschwächt werden.

Nachdem ich den beiden Frauen das alles erklärt hatte, sagte ich zu ihnen: „Bitte schließen Sie jetzt die Augen und stellen Sie sich vor, daß sich vor Ihnen eine Plexiglaswand befindet durch die Sie alles sehen und hören können, die Sie aber vor Pollen usw.

schützt. Auf der anderen Seite sehen Sie sich selbst als jüngeres Ich und ohne die Symptome. Lassen Sie das andere Ich dort draußen langsam älter werden und dabei frei von Beschwerden bleiben. Bei der Einen bleibt die Atemnot weg, weil das Immunsystem gut unterscheiden kann was gefährliche Viren und was harmlose Pollen sind und bei der Anderen, weil das Immunsystem weiß, daß dieses Kind, welches Sie unter dem Herzen tragen, etwas ist, was Sie schützen und bewahren wollen und was das Immunsystem deswegen nicht anzugreifen hat. Und nun lassen Sie das andere Ich auf die Plexiglasswand zugehen und diese Wand sich auflösen und dann lassen Sie das andere Ich noch näher auf sich zugehen. Es ist ein wichtiger Teil von Ihnen mit einem neuen Wissen, wie die Pollen und das werdende Baby zu behandeln sind: nicht als gefährlich, sondern als harmlos und - bei der Schwangerschaft als erhaltens- und sehr schützenswert - und dieses neue Wissen nehmen Sie jetzt in sich auf, indem Sie das andere Ich voll in sich aufnehmen und das neue Wissen so ganz Ihrem Immunsystem zur Verfügung stellen. Es wird Euch am Anfang vielleicht seltsam vorkommen, nicht mehr so reagieren zu müssen, wie bisher und frei von Symptomen zu sein, daran werden Sie sich aber schnell gewöhnen und in kurzer Zeit werden auch Ihre restlichen Beschwerden abklingen und es wird so sein, als ob sie nie da gewesen wären und jetzt atmen Sie bitte dreimal tief durch und danach machen Sie die Augen auf." Beide Patientinnen schlugen die Augen auf und sahen mich erstaunt und verblüfft an: „Mein Asthma ist weg!" sagte die eine Frau und: „Mir ist überhaupt nicht mehr schlecht!" bemerkte die andere Frau. Im Anschluß an diese Sitzung erzählte mir die Asthmatikerin, daß sie auch am Anfang einer zweiten Schwangerschaft stehe und bei der ersten ebenfalls starkes Erbrechen gehabt hätte. Ich versicherte ihr, daß sie jetzt – nachdem sie die Sitzung mitgemacht hat – diesmal kein Erbrechen bekommen würde. Nun – ich hatte sie vor der Sitzung abgehört – und sie bot alle Asthmageräusche – und – bei dem Abhören nach der Sitzung war ihre Lunge ohne das vorherige asthmatische Giemen und Pfeifen – jetzt völlig frei! Ich habe sie bis Mitte Januar noch mehrfach gesehen – als Begleitperson für ihren Sohn – Asthma hatte sie keines mehr! Als ich ihre Schwiegermutter Mitte August sprach, erzählte sie mir, daß sie normal entbunden hätte – und ein Schwangerschafts-Erbrechen sei nicht einmal ansatzweise aufgetreten.

Auch die andere schwangere Frau habe ich mehrfach gesehen und gesprochen und über meinen Kollegen, zu dessen Freundeskreis ihre Familie gehört, weiß ich, daß sie Mitte Juni entbunden wurde – und daß das Schwangerschaftserbrechen nie mehr aufgetreten ist.

Mucovicidose günstig beeinflußt

Ein Patient aus unserer Gemeinschafts-Praxis leidet an einer Mucoviscidose, also einer Erkrankung bei der sich der Schleim in den Bronchien und in der Bauchspeicheldrüse zäh und klebrig bleibt und nicht abgehustet werden kann, bzw. nicht aus der Bauchspeicheldrüse in den Zwölffingerdarm abfließen kann. So entsteht ein quälender Husten – ohne daß etwas abgehustet werden kann – und in dem zähen Bronchial-Schleim sammeln sich Eiterkeime. Auch bei unserem Patienten war es zu einer chronischen Besiedlung der Lunge mit einem solchen Eiterkeim (Pseudomonas) gekommen und er mußte immer wieder mit Antibiotika behandelt werden. Außerdem nahm er schleimlösende Medikamente und sollte eigentlich fleißig inhalieren. Für die Behandlung der Bauchspeicheldrüse nahm er hochdosiert Bauchspeicheldrüsen-Fermente.

Ihm war bewußt, daß die Lebenserwartung von Kindern mit Mukoviscidose nicht sehr hoch ist und noch vor wenigen Jahren nur 17-18 Jahre betragen hat. Er selbst war damals (Februar 1997) 21 Jahre alt und gab sich selbst nur noch wenig Lebenszeit. So wollte er Dinge vollbringen, denen er gar nicht gewachsen war und war psychisch recht labil und ließ sich gehen. Er nahm seine Medikamente nur noch widerwillig oder gar nicht, er inhalierte zu wenig und ließ sich einfach nur so treiben.

Damals hatte ich bei Tad James und Waytt Woodsmall über „Time Line" gelesen und mit anderen Patienten mit diesem Therapie – Ansatz gearbeitet. Ich glaubte, daß meinem jungen Patienten mit dieser Therapie gut zu helfen wäre und bestellte ihn zu einem Termin in die Praxis. Ich zeigte ihm seine Time Line aus verschiedener Sichtweise und erklärte ihm: „Die ursprünglichste Art und Weise sich die Zeit vorzustellen ist so: die Vergangenheit liegt hinter Dir – die Gegenwart ist in Dir – Hier und Jetzt – und die Zukunft erstreckt sich vor Dir. So kannst Du Dir die Zeit als eine Linie vergegenwärtigen, auf der Du Dich von der Vergangenheit in die Zukunft bewegst. So stellen sich viele Menschen ihre Zeit vor und so machst Du es auch. Weil Du weist, daß Menschen mit Deinem Leiden nur eine kurze Lebenserwartung haben, siehst Du nur eine kurze Linie vor Dir und das ist Dein Hauptproblem! Wozu sich noch anstrengen, wenn sowieso bald alles vorbei ist? Dann wird alles unwichtig und gleichgültig und Dir ist alles egal, nur gelegentlich wehrst Du Dich dagegen und möchtest noch soviel – ja gleich zuviel auf einmal tun- und dann auch noch alles sofort – und dann fühlst Du Dich davon überfordert und machst gar nichts."

Er überlegte kurz und meinte dann: „Ja, das stimmt!" Daraufhin sagte ich zu ihm: „Setz Dich´ mal bitte ganz locker hin, stell´ die Füße nebeneinander auf den Boden und entspann' dich und mach' die Augen zu! Jetzt stell' Dir bitte vor: Du siehst im Geist vor deinem inneren Auge deine Zeitlinie direkt vor Dir und zwar so, daß die Vergangenheit - also Deine Kindheit ganz nach links wandert, dann kommt Deine Schulzeit – direkt vor Dir ist die Gegenwart – also das Hier und Jetzt – und nach rechts siehst Du Deine Zukunft. Mach' diese Linie in die Zukunft, also nach rechts, einfach länger und laß sie ganz weit nach rechts in die Zukunft laufen – und damit Du mehr von Deiner Zukunft hast, mach' Deine Zeitlinie in die Zukunft hell und sonnig und laß sie richtig leuchten und strahlen und weil Du Dich jetzt in einem Tief befindest, laß die Zeitlinie wieder nach oben steigen! Und jetzt schau' Dir Deine Zeitlinie im Geist noch einmal an! Gefällt sie Dir besser als vorhin?"

Er nickte und ich sagte: „Dann behalte sie so bei ! – – – und jetzt atme dreimal tief ein und aus und mach' die Augen auf!"

Ich verabschiedete mich von ihm. Inzwischen sind einige Jahre vergangen und ich habe ihn gelegentlich mehrfach gesehen und gesprochen. Es geht ihm seither recht gut und er hat sich vernünftige Ziele gesetzt und er verfolgt sie auch auf gute Weise.

Gewissenskonflikte und Schuldgefühle mit schweren somatischen Symptomen geheilt

Ein mit mir befreundeter Kollege hatte vor einigen Jahren seine Frau durch eine bösartige Erkrankung verloren und seitdem – neben seiner verantwortungsvollen Arbeit her – seine beiden halberwachsenen Kinder erzogen. Ich merkte ihm an - es ging ihm nicht gut – und auf meine Frage nach seinem Befinden sagte er nur: „Mir geht es besch... !Ich kann nachts nicht mehr schlafen, weil die Gedanken rasen, das Herz jagt, der Blutdruck ist zu hoch und ein Zwölffingerdarmgeschwür habe ich auch noch. Vor mir sehe ich die anklagenden Augen meiner Kinder, weil ich in Urlaub fahre und eine Freundin habe."

Ich habe mich daraufhin mit ihm in der Praxis verabredet, weil ich weiß, wie dramatisch in solchen Fällen eine NLP-Therapie wirkt und ihm zunächst einige informative Fragen gestellt. Auf meine Frage nach seiner Vorstellung seines eigenen Lebensweges sagte er: „Das ist ein senkrechter schwarzer Strich, der von oben nach unten geht und – na ja – an den Seiten sind einige hellere Lichtflecke."

Um ihn besser zu verstehen und ihm dann helfen zu können, habe ich in mir selbst diesen „Lebensweg" als Strich – schwarz und von oben nach unten – als eigene Vorstellung meines Lebensweges vergegenwärtigt – – – und – – – es ist schon erschreckend damit zu leben. Ich kam mir vor wie im freien Fall – kurz vor dem Aufschlag. Da rasen die Gedanken, das Herz jagt und mit dem Blutdruckanstieg schlägt es bis zum Hals, der Magen verkrampft sich – – – und schlafen kann man dabei wohl auch nicht!

Ich wollte seinen Lebensweg näher kennen lernen und so möglichst Informationssammlung und Therapie nebeneinander her machen. So fragte ich ihn nach seinem ersten selbsterinnerten Erlebnis und er erzählte mir ganz spontan:

„Ich saß als damals Zweijähriger im Kinderwagen, den mein älterer Bruder durch das brennende Dresden (1945) geschoben hat."

Ich sagte daraufhin: „Nun, seither sind über fünfzig Jahre vergangen und in Deinem Leben ist noch viel mehr geschehen. Erinnere Dich bitte mal an Deine ersten Schultag und an einige Erlebnisse aus Deiner Schulzeit, an das Schulhaus, Deine Lehrer und Klassenkameraden – und dann bist Du mit der Schule fertig gewesen – erinnerst Du Dich an den letzten Schultag? Dann bist Du auf die Uni gegangen, hast Medizin studiert und Dein Examen bestanden und seither arbeitest Du als Medizinmann in Deinem Beruf.

Irgendwann in dieser Zeit hast Du Deine Frau kennen und lieben gelernt und Ihr habt geheiratet und habt Eure beiden Kinder bekommen- und vor einigen Jahren ist dann Deine Frau gestorben. Du warst dieses Jahr in Urlaub und es hat Dir gefallen und Du planst schon Deine nächsten Urlaube – – – das sind wohl die hellen Flecke, welche Du neben diesem schwarzen Strich gesehen hast – – – und jetzt sind wir hier in meinem Sprechzimmer!

Du bist Rechtshänder? Dann mach' bitte Folgendes: Häng' das Bild von dem Zweijährigen an die Wand hinter mir- und zwar von Dir aus gesehen ganz weit links und daneben das Bild vom ersten Schultag und dann alle diese Bilder in einer Reihe und in der richtigen zeitlichen Folge! Das Bild von jetzt – hier in meinem Sprechzimmer – kommt in die Mitte direkt vor Dir – und rechts davon kommen die Bilder, wie Du Dir Deine nächsten Urlaube vorstellst und was Du Dir sonst noch vom Leben erhoffst!"

Schon während er innerlich nachvollzog, was ich ihm vorgab, bemerkte ich, wie sich seine Gesichtsdurchblutung verbesserte, vorher ganz blass – bekam es nun eine gesunde rote Farbe, sein Atem war ruhiger, langsamer und gleichmäßiger geworden und die verkrampften Muskeln hatten sich gelockert und er wirkte viel entspannter und ausgeglichener.

Dann zeigte ich ihm noch, daß es doch recht viele helle und bunte Bilder in dieser Reihe gibt und erklärte ihm: „So siehst Du Deinen Lebensweg vor Dir – links ist die Vergangenheit, vor Dir ist die Gegenwart und rechts ist Deine Zukunft angeordnet – und – was zeitlich länger her oder in der Zukunft länger hin ist – das empfindest Du als örtlich weiter weg!" Kurz darauf beendete ich die Sitzung und wir verabschiedeten uns.

Es dauerte sechs Wochen bis wir mal wieder miteinander telefonierten und ich fragte ihn – so nebenbei –: „Wie geht es Dir?" – und er antwortete mir nur lakonisch: „Mir geht's gut!"

Auf näheres Befragen erzählte er mir, daß Blutdruck und Puls wieder normal sind, schlafen kann er wie früher – – und – – das Ulcus duodeni ist abgeheilt.

Befreit von einer negativen Gefühlsbindung

Eine Patientin von mir und zukünftige Kollegin, also einem Medizin Studentin, erzählte mir, daß sie ein Problem habe, welches ihr sehr zu schaffen mache und mit welchem sie allein nicht fertig würde.

Ich versprach ihr, daß ich ihr bei der Lösung ihres Problems helfen würde und sagte zu ihr: „Damit es nicht zu trocken und langweilig wird und weil ich keine Psychiater – Couch dazu brauche, treffen wir uns am nächsten Tag in der Hawaii-Bar. Ich lade Dich zum Abendessen ein und dabei schauen wir weiter. "

Gesagt, getan. In der Bar mit Hawaii Musik war es recht laut und ich war selbst gespannt, wie dort eine Therapie stattfinden sollte. Ich war ja die Ruhe meines Sprechzimmers zum Arbeiten gewöhnt und sonst besonders bei Psycho-Sitzungen an Stille und Freiheit von Störungen interessiert.

Nach dem Essen erklärte sie mir ihr Problem: „Ich war mit einem Mann zusammen, bei dem ich mich immer mehr ausgenutzt fühlte. Jetzt habe ich mich von ihm getrennt, aber ich habe immer noch eine dunkle Bindung zu ihm und komme nicht davon los."

Ich fragte etwas nach und weil ich schon von solchen Verbindungen wußte, konnte ich das natürlich recht gezielt tun. Sie stellte sich diese dunkle Verbindung als dunkles Band zu ihm vor. Sie hatte schon versucht, dieses dunkle Band zu verlängern und es hatte ihr auch etwas geholfen. Ich fragte sie: „Beruht dieses Band auf einer gegenseitigen Verbindung, also verspürt Dein Ex-Freund auch noch eine Verbindung zu Dir?"

Sie antwortete darauf: „Nein! Nein! es ist eine einseitige Angelegenheit und das belastet mich schon sehr." Ich fragte sie erneut: „Möchtest Du diese Verbindung lösen oder willst du sie lieber behalten?". Sie antwortete: „Nein, ich will sie nicht behalten und möchte mich völlig davon lösen." Daraufhin versuchten wir diese Verbindung zu durchtrennen, was ihr aber nicht so recht gelingen wollte und dann ließ ich sie das Band heller machen, was aber nur zu einem stärker werden ihrer Gefühle zu ihrem Ex-Freund führte. Es umgekehrt dunkler bis schwarz werden zulassen, brachte ihr keine Lösung, nur ihre Gefühle wurden noch negativer.

Ich sagte ihr daraufhin: „Du hast sicher schon mal die Fernsehsendung Enterprise gesehen. Da werden Menschen und Gegenstände weggebeamt. Es flimmert kurz und dann sind sie weg. Mach´ das doch mit dem Band genauso!" Schon während ich noch sprach, verzogen sich ihre Mundwinkel nach oben und ihr Gesicht strahlte. Laut lachend sagt sie: „Jetzt ist es ganz weg und mir geht es viel besser." Vorsichtshalber fragte ich sie noch einmal: „Jetzt fehlt Dir etwas, möchtest Du es nicht wieder haben?" Aber sie lachte nur noch weiter und antwortete: „Nein! Nein! – – natürlich nicht!" Und damit war dann das Problem beseitigt und die dunkle Verbindung gelöscht.

Ich konnte ihr dann nur noch viel Erfolg beim weiteren Medizin-Studium wünschen.

Fahrstuhl-Phobie geheilt

Eine Patientin hatte eine Phobie vor Fahrstühlen. Immer wenn die Tür des Fahrstuhles zuging, kam die Panik. So ist sie viele Jahre lang lieber viele Treppen hinauf und hinunter gestiegen, als sich dem Fahrstuhl anzuvertrauen. Nur in die Fahrstühle, bei welchen die Tür einen Spalt offen blieb, traute sie sich hinein. Ich hatte sie schon einmal als Co-Therapeutin eingesetzt, um ihren Mann von einer Agarophobie zu heilen, und jetzt wollten wir ihre eigene Phobie heilen. Wir unterhielten uns ein wenig und sie konnte sich noch genau daran erinnern, als die Phobie das erste Mal aufgetreten war und auch an die nächsten Male konnte sie sich noch genau erinnern. Nach einigen Nachfragen sagte ich: „Ich glaube nicht, daß das der Auslöser ist, viele Phobien entstehen schon in der Kindheit oder in frühester Jugend!" Auch sie dachte kurz nach und meinte dann: „Ich bin als ganz junge Frau bei den Bombenangriffen auf Nürnberg am Ende des 2.Weltkrieges verschüttet worden." Dieses Ereignis hatte also jahrzehntelang im Unbewußten - wir Deutschen sagen dazu Unter-bewußtsein - geschlummert, um dann plötzlich als Panik-Attacke auszubrechen. Ich sagte zu ihr: „Machen Sie ganz einfach die Augen zu und lehnen Sie sich entspannt zurück- und jetzt gehen Sie noch einmal zu der jungen Frau - kurz bevor Sie verschüttet wurde - und stellen Sie sich vor, Sie sitzen im Kino und sehen sich auf der Leinwand vor sich - und dann gehen Sie noch etwas weiter zurück und setzen Sie sich in die Kabine des Filmvorführers - Sie sehen sich jetzt, wie Sie unten im Saal sitzen und sich dabei im Film auf der Leinwand zusehen - kurz bevor sie verschüttet wurden - und jetzt-aber erst wenn ich es Ihnen sage, lassen Sie den Film vorwärts in Schwarz-weiss ablaufen- und ich möchte, daß Sie noch eine Karneval- oder Zirkus-Musik dazu hören - und lassen Sie es durchlaufen, bis Sie gerettet werden - und dann machen Sie ein Standbild und gehen in den Film hinein und machen alles farbig und lassen alles - den ganzen Film - ganz schnell zurücklaufen - bis Sie wieder am Anfang sind - alles bewegt sich rückwärts im Schnellgang - wie bei einem Video - und das machen Sie jetzt!" Sie nickte und hielt die Augen geschlossen und begann zu lächeln. Als ich ihr anmerkte, daß sie wieder am Anfang war, sagte ich: „.....und jetzt machen Sie die Augen wieder auf und schauen mich an!" Sie tat es und ich sagte: „Jetzt machen Sie das Ganze zur Übung noch dreimal - mit Musik und achten Sie darauf, den Rückwärtsgang ganz schnell zu machen und immer wenn Sie wieder am Anfang sind schauen Sie mich kurz an." Sie spielte das Ereignis auf diese Art durch und machte dreimal - in immer kürzeren Abständen die Augen zu und wieder auf. Als sie damit fertig war, empfahl ich ihr: „Nun nehmen Sie die schlimmsten Beispiele, z.B. als die Panik das 1.Mal kam und dann das 2.Mal und noch ein paar davon und als Abschluß das letzte Mal und machen Sie es genauso: erst sich auf der Leinwand in Schwarz-weiss sehend und dann von hinten oben im Kinosaal sich sitzend und den Film betrachtend sehen, dann die Musik auflegen und den Film in Schwarz-weiss abspielen, hinein gehen ins Bild und es farbig machen und dann den schnellen Rücklauf machen und dazwischen immer kurz die Augen öffnen!" Sie vollführte es und blinzelte immer wieder kurz mit den Augen.

Zum Abschluß sagte ich zu ihr: „Wir sind ja beide neugierig und möchten bald wissen, ob es funktioniert hat. Wann ist die nächste Möglichkeit, es zu überprüfen?" Sie meinte: „Meine Freundin wohnt ein paar Treppen hoch. Bis jetzt bin ich lieber über diese Treppen hinauf und hinuntergegangen. Diesmal nehme ich den Fahrstuhl."

Als sie wieder in die Sprechstunde kam, war sie zu ihrer Freundin, und noch mehrfach bei anderen Gelegenheiten, mit dem Fahrstuhl gefahren – ohne jedes Problem mit der Panik vor dem Eingeschlossen-Sein - also der Klaustrophobie.

Eifersucht und Phobie geheilt

Eine Patientin hatte nach einer schwierigen Kindheit als Vollwaise und einer schweren Jugend mit einem despotischen und matcho-haften Stiefvater - mit einigen sehr unschönen Vorkommnissen - das Glück, sich zu verlieben. Kurz vor der Hochzeit erzählten ihr neidische Arbeitskolleginnen, ihr Zukünftiger habe ein Verhältnis mit einer anderen Frau.

Zwischen Tür und Angel fragte ich sie: „Wenn du eifersüchtig bist, siehst du dann Deinen Mann mit der anderen Frau im Bett erotische Dinge machen?" Ihre Augen gingen nach rechts oben und ich erkannte daran. daß sie sich es bildlich vor stellte. Sie be-stätigte es und sagte: „Ja, das mache ich so." Daraufhin gab ich ihr den Ratschlag: „Wirf doch in deinen Gedanken einfach die andere Frau aus dem Bett und mach´ all´ die schönen Sachen mit deinem Mann selbst!" Am nächsten Vormittag war sie wieder in der Praxis und bedankte sich: „Es hat prima funktioniert, vielen Dank!"

Wegen der panischen Angst vor ihrem Stiefvater - sie fing schon an zu zittern, wenn sie nur an ihn dachte, verabredete ich mich mit ihr einige Tage später zu einem weiteren Gespräch. Als sie dann erneut kam, bat ich sie, sich etwas zu entspannen, nur gut zuzuhö-ren und alles innerlich richtig nachzuvollziehen. Ich sagte ihr: „Mach´ Dir bitte als Erstes ein besonders schönes Bild von Dir selbst - zum Beispiel im Hochzeitskleid!"

Ihr Gesicht strahlte und sie entspannte sich und ich sagte: „Bitte halte diese schöne Bild gut fest, aber mach' es zunächst einmal ganz klein - so wie ein Medaillon - und schließ' es sorgfältig weg! Jetzt mach' Dir mal ein Bild von Deinem Stiefvater in einer mög-lichst schlimmen Szene - - - und - - - dann laß Dein schönes Bild mitten hinein explodieren, so daß das andere Bild davon zerfetzt wird!" Noch während ich sprach, hatte sie meine Anweisung nachvollzogen und sie fing an zu lachen. Ich wies sie daraufhin an: „Bitte mach' es noch einmal - aber ganz schnell!" Sie spielte es durch und lachte noch mehr. Nun sagte ich zu ihr: „Jetzt mach´ es bitte noch dreimal zur Übung und jedes mal schneller!"

Ihr Lachen wurde immer befreiter und voller und die Angst war verschwunden. Inzwischen ist sie zwei Jahre verheiratet und es geht ihr recht gut.

Prüfungsangst geheilt

Eine Patientin kam zu mir, weil sie Angst – ja – eine richtige Phobie vor der bevorstehenden theoretischen Fahrprüfung hatte. Durch den schriftlichen Teil der Prüfung war sie wegen der Angst schon einmal durchgefallen – die Angst hatte ihr Denkvermögen gelähmt – und so war die Angst vor ihrem letzten Teil – der mündlichen Prüfung um so größer – und ihre Chancen, diese letzte Möglichkeit zu nutzen, wurden noch geringer.

Ihrer Freundin hatte ich mit der Therapie wegen der Eifersucht und der Phobie vor ihrem Stiefvater so gut geholfen, daß sie sich von der Sitzung viel erhoffte.

Nun ist die Heilung einer Phobie oft so einfach und geht so schnell, daß Richard Bandler einmal schrieb, es würde bald keine Phobie mehr geben. – – – Nun – – – hier irrte er – – – es gibt noch immer Phobiker!

Also machte ich mit der Phobie vor der Fahrprüfung einfach kurzen Prozeß und sagte: „Sie haben Angst vor der Prüfung - gehen Sie doch einfach ein paar Tage über die Prüfung hinaus und sehen Sie sich mit dem erhaltenen Führerschein im Auto sitzen und selbst fahren und sehen Sie von dort nach rückwärts – wie Sie zur Prüfung gehen und weil Sie so gut gelernt haben, können Sie die Fragen richtig beantworten und bekommen dafür Ihren Führerschein." Sie hatte mit geschlossenen Augen alles nachvollzogen.

Einige Tage später kam sie, um sich zu bedanken und erzählte: „Ich habe die Prüfung in nur 20 Minuten und ohne einen einzigen Fehler bestanden."

Versagensgefühl geheilt

Die 17-jährige Tochter einer befreundeten Familie stand ganz kurz davor, bei der Mittleren Reife-Prüfung zum 2. Male durchzufallen. Ein dritter Anlauf war ausgeschlossen, und so stand sie vor dem „Nichts!" Auf jeden Fall sagten ihr ihre Eltern: „Wenn Du es diesmal wieder nicht schaffst, dann hast Du Nichts!"

In dieser Situation wurde ich angesprochen und eingeschaltet. (Schaden kann's ja nicht). Das war allerdings auch meine eigene Meinung. Ich ließ also dieses hochaufgeschossene und sehr intelligente Mädchen zu mir kommen und versuchte, ihr ihren bisherigen Lebensweg bewußt zu machen. Sie schaute mich sehr verwundert an und nach kurzem Nachfragen stellte sich heraus, daß sie sich ihren Lebensweg ganz bewußt vorstellte und ihn unter ihren Füßen als Weg sah! – und das schon seit ihrem 4. Lebensjahr. Für mich war es eine erstaunliche Feststellung, denn bisher hatte ich immer einige Zeit darauf verwenden müssen, meinen Patienten die Vorstellung ihres eigen Lebens-Weges zu vermitteln. Das 17-jährige Mädchen hatte darüber hinaus noch einige andere Dinge mit ihrer Zeit angestellt, was die NPL-ler erst vor einiger Zeit herausgefunden hatten: sie stellte sich das Jahr als Uhr vor – aber ihre Uhr war nicht etwa rund – es besaß die Form eines Eies mit der Spitze nach oben. Nun, das erstaunte mich sehr, denn erst kurz davor hatte ich bei Bandler und Grinder über Zeitdehnung gelesen und daß es wenig Sinn macht, schlechte Zeiten als ewig und gute Zeiten als viel zu kurz zu empfinden Mit einem sehr erstaunlichem Feinsinn und ebenso erstaunlichem Einfühlungsvermögen hat sie die ihr wichtige Zeitspanne, nämlich die „Großen Ferien" ausgedehnt. Es stellte sich im weiteren Gespräch heraus, daß sie darüber hinaus noch einen Weg oder eine Linie für die Geschichte besaß: der Geographie entsprechend fing für sie die Geschichte rechts unten auf einer Landkarte mit dem alten Ägypten an und ging dann mit zwei Bogen nach links über das antike Griechenland und das Imperium Romanum und verlor sich

50

dann oben im Norden bei den alten Germanen, an denen war ihr Interesse nicht sehr groß .

Ihre eigene Zukunft sah sie dunkel und grau – für mich die Farben einer Depression – und wenn man bedenkt, daß sie ja vor dem „Nichts " stand, ist das eine durchaus angemessene Reaktion, ja, sie hätte sich das Nichts auch pechschwarz vorstellen können. Ich ließ sie sich vorstellen, daß der Lebensweg, den sie unter ihren Füßen sah, in die Zukunft nach vorn weiterläuft, bunter wird und wieder nach oben ins helle Licht kommt. Nachdem das erledigt war, konnte ich weitergehen und mich jetzt dem derzeitigen Problem zuwenden, und wir beschäftigten uns mit ihrem Problem: durch die Prüfung zu kommen und die Mittlere Reife zu bestehen. Durch einige Vorinformationen und - von ihr selbst - , wußte ich, daß sie, obwohl sie früher in den gleichen Unterrichtsfächern recht gut war, jetzt - mitbedingt durch einen unbeliebten und gefürchteten Lehrer - nicht gerade gefördert wurde und immer, wenn sie unter Druck geriet, ein Versagensgefühl bekam und dann auch versagte und so in letzter Zeit nur noch die schlechtesten Noten bekam. Eine äußerst wichtige und für sie entscheidende schriftliche Arbeit stand ihr direkt bevor.

Nachdem ich sie all' diese erstaunlichen Dinge hatte erzählen hören, beschloß ich, sie direkt zu befragen was sie selbst über dieses „Versagens-Gefühl" wußte und ob ihr der Ursprung selbst bekannt wäre. Nun, auch das war der Fall. Sie berichtete mir: „Ich bin als 2-jähriges Kind in eine Glastür gefallen und die Schnittwunde sollte genäht werden. Ich erinnere mich sogar noch an die grünen OP-Tücher, mit denen ich abgedeckt wurde. Ich wollte nicht und habe mich mit all' meinen Kräften gewehrt. Die Ärzte sagten, ich würde mit solch einem entstellten Gesicht keinen Mann bekommen, aber das war mir damals natürlich völlig egal! Nach dem vielen Weinen und Schreien und Wehren wurde es meiner Mutter zuviel und sie meinte: „Dann bekommt sie eben keinen Mann!" – und nahm mich – ungenäht – wieder mit und seitdem habe ich – immer wenn ich unter Druck stehe – dieses komische Versagensgefühl!" Nun konnte ich ihr sagen, daß sie ja damals nicht versagt, sondern - wenn auch mit Hilfe ihrer Mutter - ihren eigenen Willen durchgesetzt habe.

Sie war nicht sehr überzeugt und recht skeptisch und verabschiedete sich von mir. Die wichtige Prüfung rückte heran, der ungeliebte Lehrer war wohl auch da und sie stand unter dem größten Druck bisher, denn auf diese eine Note kam es für ihre weitere Ausbildung und ihren weiteren Lebensweg an: streng logisch weitergedacht hätte sie voll versagen – und dafür die schlechteste Note bekommen müssen. Aber – – – der Druck war weg – – – und so konnte sich ihre gute Intelligenz frei entfalten und sie schrieb eine glänzende Arbeit und bekam dafür auch die beste Schulnote .

Verwirrtheitszustand beseitigt.

Ein Patient von mir kam wegen einer gesundheitlichen Störung in die Sprechstunde. Ich hatte damals über die Time-Line Therapie gelesen und mich eingearbeitet. Mir fiel auf, daß er ein ungeklärtes Problem mit sich herum trug und so beschloß ich, mir seine zeitliche Orientierung einmal näher anzusehen. Er stellte sich seine Zeit-Linie als von links - aus der Vergangenheit - über die Gegenwart direkt vor sich - nach rechts in die Zukunft verlaufend vor. Als ich ihn aufforderte, sich diese Zeitlinie genauer anzuschauen, fiel ihm auf, daß in der Vergangenheit auf der linken Seite einige Stellen fehlten. Er fand sie als dunkle Flecken links hinter sich. Es waren Ereignisse, welche er „verdrängt" hatte und die ihm so unangenehm waren, daß er sie nicht mehr sehen wollte. Ich erklärte ihm daraufhin, daß diese Ereignisse ja solange in der Vergangenheit lägen, daß sie für ihn jetzt nicht mehr sehr wichtig wären. Ich forderte ihn auf, die Flecken einfach zeitlich richtig in seine Zeit-Linie einzuordnen. Seinem Gesichtsausdruck sah ich an, daß er es richtig nachvollzog. Er hatte kurz die Augen geschlossen und als er sie wieder aufschlug, sah er mich völlig verblüfft an: „Meine Verwirrung ist weg und ich bin richtig klar im Kopf."
Inzwischen sind 2 Jahre vergangen und ich habe ihn seither mehrfach gesprochen. Als er in dieser Woche in die Praxis kam, erzählte er mir, daß sich einige andere Dinge in seinem Leben wie nebenbei geregelt hätten.
Bei der Veränderung aus der Zeit heraus ergibt sich immer wieder, daß sich auch eine Reihe anderer Probleme fast nebenbei auflösen.

Der Lebensweg

Eine Patientin von mir war wegen Nierensteinen 1973 und nochmals 1982 operiert worden. Seit damals ist auch ein Bluthochdruck bekannt mit Werten von 230/120 mm Hg, welche unter Belastung bis auf 260/140 mm Hg anstiegen. Da auch der Puls auf 150 Schläge /Minute stieg und sie unter Atemnot litt, mußte diese Belastung nach 3 Minuten abgebrochen werden. Die Behandlung erfolgte über viele Jahre mit mehreren Blutdrucktabletten und mehreren Mitteln gleichzeitig, leider mit nur mäßiger Wirkung. Aber bei solch hohen Werten sprechen wir von einer malignen Hypertonie - also einem „bösartigen" Bluthochdruck, weil bei diesen hohen Werten häufiger mit Schlaganfällen, Herzinfarkten und ähnlichem zu rechnen ist und so versuchte ich, den Bluthochdruck einigermaßen unter Kontrolle zu halten. Vor 11 Jahren kam sie zu mir in Behandlung und ich behandelte sie so weiter – mit mehreren Antihypertonika gleichzeitig. Als sie zur mir in die Praxis kam, litt sie beruflich unter Mobbing und als bald darauf ihre Mutter verstarb, versank sie in einer Depression. Auch eine Kur (1990) brachte keine Besserung, ihrer Beschwerden und auch der Blutdruck blieb oben!
Vor 7 Jahren hatte ich angefangen, mich mit NLP (Neuro-Linquistisches-Programmieren) zu beschäftigen und zuerst Angstzustände (Phobie) nicht nur behandelt, sondern oft in Minuten beseitigt. Danach las ich bei R. Dilts und C. Andreas (Junfermann Verlag) über Allergiebehandlungen und wie man Heuschnupfen, Asthma bronchiale, Nesselsucht und Nahrungsmittel-Allergie ebenfalls nicht nur behandeln, sondern dauerhaft wegzaubern kann. „DAS"! wollte ich natürlich genau wissen – und siehe da: ich konnte es auch! Meistens mit einer einzigen Sitzung – ohne „Apparate", Spritzen oder Medikamente, verschwanden Allergien, so als wären sie nie dagewesen und auch die Begleiterkrankungen (Infekte der oberen Luftwege) besserten sich und verschwanden. Vor ca. 2 Jahren las ich denn bei T.James und

W.Woodsmall (Junfermann Verlag) über Time-Line und arbeitete auch mit dieser sehr wirksamen Therapie, denn Patienten, denen ich damit helfen konnte, hatte ich in der Praxis immer wieder. Allerdings empfand ich die – „Zeit als Linie" – zu dürr, zu technisch und zu blutleer. Alles was uns in unserem Leben begegnet und wir erleben, spielt sich auf unserem „Lebensweg" ab und so erklärte ich der Patientin, wie wir Menschen im allgemeinen die Zeit innerlich speichern – als Linie oder Weg. Der Dreh - und Angelpunkt ist dabei die Gegenwart - das Hier und Jetzt - in der sich unser Leben abspielt und wenn die Gegenwart in uns liegt, so sehen wir alles „subjektiv" und die Vergangenheit ist dann im allgemeinen hinter uns – wir haben sie hinter uns gelassen und die Zukunft liegt vor uns. Wenn wir den Lebensweg verlassen und die Gegenwart von außen – also „objektiv" sehen – so läuft der Lebensweg von einer Seite zur anderen Seite – meistens von links nach rechts – und die Gegenwart ist dann im allgemeinen direkt vor uns. Wir Menschen haben aber oft sehr verschiedene „Vor-Stellungen" unseres Lebensweges und so kann unsere Sicht der Zeit auf der einen Seite zu hohen künstlerischen Leistungen führen und auf der anderen Seite durch ungünstige bis schädliche Sichtweisen manche Menschen zu Patienten machen. Nachdem ich ihr das kurz erklärt hatte, sagte ich weiter: „Stellen Sie sich bitte vor, daß sich Ihre Vergangenheit links von Ihnen befindet, die Gegenwart ist direkt vor Ihnen und auf der rechten Seite ist die Zukunft. Wir Menschen sprechen von den Zeiten, welche wir als negativ erlebt haben, von Tiefpunkten oder von dunklen Zeiten und von der Zeit, welche wir als positiv empfinden als helle Zeit und von Höhepunkten. Wenn wir heiraten, nennen wir das direkt eine „Hoch – Zeit".

„Jetzt schauen Sie sich bitte Ihren eigenen Weg vor sich an und sagen Sie mir, wie Sie selbst zwischen guten und schlechten Zeiten unterscheiden?"

Sie schloß kurz die Augen und meinte dann: „Es sind viele dunkle Stellen da und in letzter Zeit geht es auch noch nach unten." Für mich erschien dieses Bild als recht depressiv und ich glaubte, ihr

Körper wehrte sich dagegen und hat so den (Blut)-Druck erhöht für mehr Power. Allerdings hatte ich bei meinem Angebot für einen NLP–Termin nur an ihre Depression gedacht und hatte ihr heraus helfen wollen. Nun fragte ich sie: „Wer hat diese hellen und dunklen Stellen und das Hinauf und Hinunter gemacht?" Sie schaute mich erstaunt und etwas verwirrt an und sagte halb fragend: „Ich weiß es nicht - die anderen Menschen?" Ich lächelte, weil ich ja die richtige Anwort kannte und fragte nach: „Andere Menschen haben in Ihrem Kopf diese hellen und dunklen Stellen gemacht und Ihren Lebensweg nach oben und besonders zuletzt nach unten gebogen?" Sie dachte kurz nach und meinte dann: „Habe ich das alles selbst gemacht?" – und ich antwortete: „Wer sonst, Sie selbst haben die Erlebnisse und Ereignisse in Ihrem Leben kodiert, die „schlechten" als dunkel und unten und die „guten" als hell und oben angeordnet. Ereignisse, an welche wir uns gern erinnern, sind besser sichtbar, wenn sie hell und oben sind und die Erlebnisse, welche wir lieber vergessen wollen, die unterdrücken wir und verdunkeln sie, um die unliebsamen Dinge nicht mehr sehen zu müssen. Nun erklärte ich ihr: „Auch wenn wir es automatisch und unbewußt einmal so gemacht haben, wir haben die Möglichkeit, es bewußt zu ändern. Es ist für uns nicht nützlich, uns in der Vergangenheit erworbenes Wissen selbst vorzuenthalten, indem wir es vor uns selbst verbergen. Es ist viel doch nützlicher, das Erlernte heraus zu nehmen und nur unsere dunklen Gefühle herausfallen zu lassen – und – DAS! machen Sie jetzt – sehen Sie sich diesen ihren Lebensweg an und machen Sie die hellen Stellen länger und heller – und mit den dunklen Stellen und den Tiefpunkten verfahren Sie so: Nehmen Sie das erworbene Wissen heraus und heben Sie es auf und machen Sie die dunklen Stellen so hell wie die Zeit davor oder danach und lassen Sie Ihren Lebensweg gerade werden und das machen Sie von ihrer Kindheit an bis zur Gegenwart und dann hören Sie nicht auf, sondern lassen Sie Ihren Lebensweg in die Zukunft weiterlaufen und lassen Sie ihn ansteigen und dann setzten Sie noch viele helle Stellen hinein - Dinge auf die Sie sich schon vorher und sogar schon jetzt freuen

können – – – und lassen Sie diesen hellen Lebensweg wirklich weit in die Zukunft laufen und lassen Sie ihn wieder nach oben gehen, soviel Sie ihn ohne zu große Mühe gehen können!"
Während ich sprach, war sie in eine sanfte Trance gegangen und hatte sich vollkommen entspannt und wirkte völlig gelöst. Nachdem ich so bemerkt hatte, daß sie voll mitgegangen war und alles verinnerlicht hatte, beendete ich die Trance und sagte:
„Wenn Sie das Gefühl haben, daß Sie alles richtig gemacht haben und jetzt alles so aussieht, daß Sie sich damit wohl fühlen und besser leben können, dann – aber wirklich erst dann – atmen Sie dreimal tief ein und aus und zuletzt machen Sie die Augen wieder auf und sind wieder im Hier und Jetzt." Nach 2-3 Minuten atmete sie 3x tief durch und schlug die Augen auf. Wir verabschiedeten uns und nach 2-3 Wochen kam sie routinemäßig zum Blutdruckmessen. Eine meiner Helferinnen hatte meistens bei ihr den Blutdruck gemessen – immer mit viel zu hohen Werten. Jetzt kam sie ganz aufgeregt zu mir und meinte: „Sie hat einen zu niedrigen Blutdruck und Sie müssen ihr etwas dagegen geben!" Ich überprüfte den Blutdruck und stellte einen recht normalen „lehrbuchartigen" Blutdruck fest. Ich konnte also ihre antihypertensive Medikation wegnehmen und bat sie in der nächsten Zeit vorsichtshalber öfters zum Blutdruckmessen vorbeizukommen, was sie auch tat. Sie benötigte seither zwar noch eine Behandlung ihres Blutdruckes, aber nur eine recht geringe Dosierung eines nicht besonders starken Mittels. Mit der Beeinflussung über ihre Zeitlinie hatte ich also ganz nebenbei ihren krankhaft erhöhten Blutdruck nahezu normalisiert.

Phobie vor Stufen.

Eine Patientin kam, weil sie eine Phobie vor Stufen hatte und sich davor fürchtete, eine Stufe oder Treppe nach unten zu treten. Das klingt lächerlich und für andere Menschen ist es auch lächerlich, nur nicht für diese Frau. Sie traute sich nicht, allein eine Freitreppe nach unten zu gehen, es mußte sie eine zweite Person stützen – besser noch eine dritte – von der anderen Seite. Andernfalls hat sie lieber ihr Bürogebäude durch die Hintertür verlassen, weil dort eine Stange war, an welche sie sich anklammern konnte. Wenn Sie die Straße überqueren wollte, suchte sie sich eine Stelle, an der ein Auto stand an welchem sie sich aufstützen konnte, bevor sie den gefürchteten Schritt vom Bürgersteig auf die Straße hinunter wagte. Sie wußte auch genau, wann und wo diese Phobie das erste Mal aufgetreten war. Es war schon 2 Jahre her, als sie die Höhe eines Bürgersteiges unterschätzt hatte, und weil dieser höher war, als sie ihn eingeschätzt hatte, gab es ihr einem Stoß ins vegetative Nervensystem, welcher dann die Phobie auslöste und seit diesen 2 Jahren waren Stufen nach unten ihr Problem.

Sie hatte also in einem einzigen Versuch etwas Neues gelernt – nämlich auf Stufen besser aufzupassen. Sie hatte es sogar extrem gründlich gelernt und es im Unbewußten so gut gespeichert, daß es ihr die ganze Zeit über in der jeweils passenden Situation völlig gegenwärtig war. Es war in ihr so präsent, daß sie gar nicht anders konnte, als in dieser Situation mit der Phobie zu reagieren. Um sie auf die Probe zu stellen, sagte ich: „Die Praxis ist im ersten Stock, und nach der Sitzung müssen sie die Treppe wieder hinuntergehen, wie gefällt Ihnen diese Vorstellung?" Sie wurde blaß, der Atem ging schneller und heftiger und sie wurde schweißig und bekam am Hals rote Flecken als Anzeichen eines starke Angstgefühls.

Nachdem ich mich so mit Ihrem Problem vertraut gemacht hatte, gab ich ihr den Rat, sich entspannt zurückzulehnen, die Augen zu schließen und gut zuzuhören. Ich sagte zu ihr: „Bitte stellen Sie

sich vor in einem Kino zu sitzen und vor sich auf der Leinwand sehen Sie sich selbst in Schwarz-weiss kurz vor Ihrem „Fehltritt". Damit Sie noch mehr aus dem Geschehen herausgenommen sind, stellen Sie sich nun folgendes vor: Sie sitzen in der Kabine des Film-Vorführers und haben diesen komischen Film schon sehr oft gesehen und sie schauen in den Saal hinunter und sehen sich selbst dort unten sitzen und auf die Leinwand schauen. Jetzt gleich - aber noch nicht sofort, sondern erst wenn es Ihnen sage – lassen Sie den Film in Schwarz-weiss und mit einer albernen Karnevals-Musik ablaufen, bis sie ein oder zwei Schritte getan haben und dann gehen Sie in den Film hinein und machen alles farbig und lassen alles ganz schnell rückwärts abwarten, bis sie wieder auf dem Bürgersteig stehen. Machen Sie es – JETZT!" – Sie vollzog es nach, und ein Lächeln breitete sich über ihrem Gesicht aus und ich sagte: „Machen sie Ihre Augen auf!" Sie öffnete die Augen und schaute mich an. Ich empfahl ihr: „Machen Sie es noch drei-mal und machen sie dazwischen jedesmal kurz die Augen auf!"
Sie tat es und ich sagte zu ihr: „Jetzt nehmen Sie bitte eine Szene - an Ihrem Bürogebäude, wo es besonders schlimm war, und ma-chen es genauso". An Ihrem Verhalten merkte ich, daß sie alles richtig nachvollzog und so riet ich ihr: „Machen sie es jetzt mit einigen anderen Szenen - am Bürgersteig oder was Ihnen selbst noch alles einfällt!" Auch das tat sie. Zur weiteren Probe sagte ich zu ihr: „Nun ist die Sitzung zu Ende und Sie müssen die Treppe nach unten und über die Straße wieder zu Ihrem Auto gehen." Auch ohne meinem Befehl machte sie kurz die Augen zu und wieder auf : „Jetzt bleibt alles ruhig und die Angst ist weg," sagte sie. Weil sie aber noch nicht völlig überzeugt war, machte sie noch einen Termin aus, zu dem sie auch wiederkam. Ich wollte ihr empfehlen, zu dem bösen Bürgersteig zu gehen, wo sie ihren „Fehltritt" getan hatte und ihm einem kräftigen Tritt zu geben, aber sie war schon dort gewesen und seit der Sitzung ist ihre Pho-bie wie weggeblasen und so konnte ich nur fragen: „Was wollen Sie dann noch bei mir – außer sich bedanken?"

Trauer schneller bewältigen

Eine etwa 35-jährige Frau, sonst recht sportlich, aktiv und lebensfroh, wirkte bei ihrem Besuch bei mir sehr bedrückt und depressiv und auf meine Frage: „Na, wo fehlt es denn?" erzählte sie mir: „Ich bin nach 15 Jahren Ehe selbst aus der Ehe weggegangen und jetzt war ich allein im Urlaub in Südafrika und bei den langen und oft mehrstündigen Autofahrten habe ich mich dann doch sehr einsam und alleine gefühlt. Wieder zu Hause angekommen, habe ich versucht mit meinem Mann wieder in Verbindung zu kommen, aber jetzt mag er nicht mehr." Um mich besser in sie hineinversetzen und sie verstehen zu können, fragte ich sie: „Wenn Sie sich jetzt ein Bild von ihrem Ex-Ehemann machen – wie sehen Sie dieses Bild?" – und sie antwortete: „Ich sehe es mit einem schwarzen Rahmen." Schwarz – also in der Farbe der Trauer. Ich hätte ihr ganz einfach empfehlen können, einen hellen Rahmen um das Bild oder das Bild ganz ohne Rahmen zu machen, – aber das Schöne im NLP ist für mich die „generative" Arbeit, also – wenn ich auf der einen Seite die Trauer herunterdrehen kann - dann kann ich auf der anderen Seite etwas Nützlicheres – z.B. mehr Lebensfreude aufdrehen und so machte ich mit ihr den Trauer-Prozess, wie ihn C&S Andreas in „Mit Herz und Verstand" so gut beschrieben haben und sagte zu ihr: „Setzen Sie sich bitte ganz locker hin und machen Sie die Augen zu und jetzt denken Sie an einen anderen Menschen – oder auch ein Haustier – welches Sie verloren haben – es muß niemand gestorben sein – es muß nur etwas sein, was für Sie nicht mehr da ist und wo Sie nicht das Gefühl der Trauer haben und den schwarzen Rahmen sehen - haben Sie so ein Bild?"
Sie nickte und ich fragte: „Hängen die Bilder an die Wand vor Ihnen – welches hängt links und welches rechts?" Sie hielt die Augen weiter geschlossen und sagte: „Das Bild von meinem Mann hängt direkt vor mir und das andere Bild hängt ziemlich weit links." – Weiter weg und links – das bedeutet bei Rechtshän-

dern zumeist – weiter in der Vergangenheit. Nun empfahl ich ihr: „Jetzt nehmen Sie das Bild vor sich und setzen Sie es an die Stelle von dem Bild weit links und machen Sie es genauso – also weiter weg, vermutlich etwas kleiner oder verschwommener und ohne den schwarzen Rahmen." Während ich noch sprach, bestätigte sie mit kleinen Nickbewegungen des Kopfes, daß Sie es richtig nachvollzog. Ich bat sie, die Augen wieder zu öffnen und fragte: „Wie fühlen Sie sich jetzt?" – und sie meinte: „Das Trauergefühl ist weg und ich fühle mich erleichtert." Ich bat sie, die Augen wieder zu schließen und sich ihren Lebensweg von links bis zur Mitte – also der Vergangenheit bis zur Gegenwart - vorzustellen: „...und jetzt sehen Sie sich einmal die Bilder an, bei denen es Ihnen mit den Menschen gut ging und Sie Zuneigung, Wärme, Vertrauen, Liebe und was Ihnen alles wichtig ist, erfahren haben und jetzt nehmen Sie alle diese hellen Bilder und vereinen Sie sie in einem Bild vor sich - und dann machen Sie aus diesem einen Bild so eine Art Kartenstapel - und - Sie wissen, daß im Kartenspiel jede Karte ein wenig anders aussieht - und jetzt verteilen Sie diese hellen Bilder mit all den guten Gefühlen auf die andere Seite – rechts von Ihnen aus – einige ganz nah, einige weiter weg und einige ganz weit nach rechts – – – und wenn Sie diese hellen Bilder alle richtig eingeordnet haben – – – und erst dann – – – atmen Sie dreimal tief durch – – – und machen Sie die Augen auf." Sie schlug die Augen auf und wirkte erleichtert und entspannt und nicht mehr bedrückt und depressiv.

Als sie das nächste Mal zu mir kam, strahlte sie wieder und erzählte mir, daß sie einen Urlaub an der Nordsee gemacht habe und sie hatte dort auch einen Flirt und weil sie ihre Ausstrahlung wiedergewonnen hatte, wirkte sie natürlich auch wieder anziehend auf das andere Geschlecht. Ich habe sie inzwischen mehrfach gesehen und sie kam mir recht glücklich und zufrieden vor.

Trauergefühl am Todestag bewältigt

Eine23-jährige Patientin, welche neu in Behandlung kam, wirkte sehr blaß, nervös und zittrig. Auf Befragen erzählte sie mir, daß ihr Großvater im Sterben liege und sie abwechselnd mit ihrer Mutter am Krankenbett Wache halte und hierdurch auch zu wenig Schlaf finde und, weil sie daher so erschöpft sei, könne sie nicht zur Arbeit gehen.

Einige Tage später kam sie wieder und wirkte noch erschöpfter, zittriger, nervöser und erzählte:„ Heute Nacht ist mein Opa verstorben." Ich hatte schon mehrfach diesen Trauerprozeß mit Patienten durchgeführt, wie er von C.&S. Andreas in „Mit Herz und Verstand" beschrieben wird – aber noch nicht sofort am Tag des Verlustes gemacht – und so fragte ich vorsichtig: „Wäre es Ihrem Opa recht, wenn er Sie so leiden sähe?" – und sie antwortete sofort: „Nein – er würde mich ausschimpfen!" – und so fragte ich sie weiter: „Möchten Sie selbst so leiden, nervös sein und nicht schlafen können?" Sie lächelte ein wenig wegen meiner seltsamen Fragerei und sagte: „Nein, natürlich nicht!" – und so führte ich ganz behutsam den Trauerprozess mit ihr durch und fragte nun weiter, ob sie schon früher einmal etwas wie einen Menschen, ein Tier oder einen Gegenstand – z.B. eine Lieblings-Puppe, welche für sie wichtig waren und welche sie liebgewonnen und vor einiger Zeit verloren hätte. Sie antwortete sofort: „Ja, als meine Oma gestorben ist, saß ich an ihrem Bett und hielt dabei ihre Hand - und weil meine Oma immer mein Vorbild war, wollte ich so werden, wie sie immer war." Ich fragte sie, welchen Unterschied sie empfinde zwischen den Bildern. Sie antwortete: „Ja, das Bild von meiner Oma ist weiter weg und es bedrückt mich nicht."– –„Weiter weg, vermutlich ist es kleiner und etwas undeutlicher und verschwommen – ist es etwa so?" fragte ich sie und sie sagte nur: „Ja, so ist es." Daraufhin sagte ich zu ihr: „Nehmen Sie das Bild von ihrem Opa und setzen Sie es an die gleiche Stelle wie das Bild von der Oma- und machen Sie es genauso - weiter weg, kleiner und etwas undeutlicher." Ich merkte ihr an, daß sie es nachvollzog, denn sie bekam wieder Farbe ins Gesicht und wirkte viel entspannter, die Zittrigkeit war weg und sie atmete ruhig und gleichmäßig. Sie lächelte mich an und bestätigte meine Beobachtung, indem sie sagte: „Es geht mir schon viel besser."

Trauer mit somatischen Störungen geheilt

Eine Patientin, welche ich schon über 25 Jahre betreut habe und die mit Atemnot und Herzschmerzen und zu hohem Blutdruck unter dem Verdacht auf einen Herzinfarkt im Krankenhaus behandelt werden mußte, auch wenn es sich als falscher Alarm herausstellte, kam nach ihrer Entlassung aus dem Krankenhaus zu mir in die Sprechstunde und saß vor mir und schnappte förmlich nach Luft.

Einer Ahnung folgend fragte ich sie: „Ihr Mann ist doch vor einiger Zeit verstorben – wann war das denn?" Sie antwortete: „Ja – das liegt schon 2 Jahre zurück."

Meine Ahnung weiter verfolgend fragte ich weiter: „Wenn Sie an ihn denken, wo sehen Sie dann sein Bild?" Sie erwiderte: „Ich sehe es direkt vor mir," – und schaute dabei an mir vorbei, oder richtiger – auf eine Stelle über mir und so fragte ich weiter: „Wenn Sie das Bild ihres verstorbenen Mannes vor sich ansehen – drückt es Sie dann auf die Brust, so daß Sie keine Luft bekommen?" Sie schaute mich erstaunt an und sagte nur: „Ja" und so fragte ich weiter: „Wäre es Ihrem Mann recht, wenn sein Bild Sie so bedrückt, daß es Ihnen die Luft zu Atmen nimmt?" Sie entgegnete sofort: „Nein, nein, das wäre ihm nicht recht!" – und ich fragte Sie noch weiter: „Ist es Ihnen selbst recht, daß Sie durch das Bild so beeinflußt werden, daß Sie Atemnot, Herzschmerzen und Blutdruck-Krisen bekommen?" Sie sah mich erneut erstaunt an und sagte: „Nein – natürlich nicht!" Ich fragte sie nun noch weiter: „Wo liegt für Sie ihre Kindheit, haben Sie sie hinter sich?" – und sie entgegnete mir sofort: „Natürlich, das liegt schon weit hinter mir!" – und ich fragte erneut: „Und wo haben Sie ihre Zukunft - liegt sie vor Ihnen ?" – und darauf sagte sie: „Ja - aber ich habe nicht mehr viel vor mir." Nachdem ich so genügend über ihre Sicht der Zeit wußte, konnte ich dazu übergehen, ihr Problem mit der Atemnot, dem hohen Blutdruck und den daher kommenden Herzschmerzen zu heilen. Ich bat sie: „Schließen Sie kurz die Au-

gen und lehnen Sie sich entspannt zurück und jetzt stellen Sie sich
ihren Lebensweg vor – von dem kleinen Mädchen über das Schul-
kind – wie Sie ihren Beruf ausgeübt haben und wie Sie in Rente
gekommen sind – irgendwann in dieser Zeit haben Sie Ihren Mann
kennengelernt und haben geheiratet und waren viele Jahre mit ihm
verheiratet und vor 2 Jahren ist er nach langer Krankheit verstorben und jetzt sitzen Sie hier bei mir – – – und jetzt nehmen Sie
das Bild ihres Mannes, das Sie vor sich haben, und stellen es von
vorn nach hinten – 2 Jahre zurück in die Zeit, in der er gestorben
ist – – – und wenn Sie sich in Zukunft erinnern wollen, dann
stellen Sie das Bild wieder vor sich hin, aber stellen Sie es dann
jedesmal wieder richtig in die Vergangenheit hinter sich und wenn
Sie an seinem Grab stehen, so freuen Sie sich an den vielen schönen Blumen, welche Sie gepflanzt haben – – – und jetzt holen Sie
bitte 3 x ganz tief Luft – sehen Sie – es geht schon viel besser! –
und zuletzt schlagen Sie die Augen auf." Sie öffnete die Augen,
sah mich wiederum erstaunt und verblüfft an und meinte: „Die
Atemnot und der Druck sind weg."
Nach 6 Wochen kam sie erneut zu mir – wieder sehr kurzatmig,
wenn auch nicht ganz so schlimm wie früher. Auf meine Frage:
„Wo sehen Sie das Bild Ihres Mannes?" winkte sie mit der rechten
Hand nach rechts: „Na, dort !" – und auf meine Frage: „Wo sehen
Sie jetzt ihre Vergangenheit?" deutete sie mit der linken Hand
nach links und sagte: „Na, dort drüben!" Ich sagte nur: „Jetzt
nehmen Sie das Bild von dort rechts und stellen es nach dort drüben!" – und deutete dabei selbst – von ihr aus gesehen – von
rechts nach links. Ich konnte sofort feststellen, daß sie es richtig
nachvollzog, denn sie entspannte sich und ihre Schnapp-Atmung
verschwand.
Nun möchte ich noch erklären, was in den beiden Sitzungen geschehen ist.
In der ersten Sitzung stellte sie sich ihren Lebensweg „subjektiv"
vor. Sie geht auf ihrem Lebensweg und so hat sie die Vergangenheit hinter sich - die Gegenwart ist in ihr - und die Zukunft liegt
noch vor ihr. Das ist wohl die ursprüngliche Sicht, sich seinen

Lebensweg vorzustellen und weil sie das Bild des toten Ehemannes in der Zukunft vor sich sah und weil sie es sich fortdauernd so „vor – stellte", wirkte es bedrückend auf sie.

Nachdem Einstein uns gezeigt hat, daß alles relativ ist – wissen wir, daß es auf den „ Stand – Punkt "ankommt und wir Menschen uns auf einen anderen Standpunkt stellen können. Meine Patientin hat sich also gedanklich aus ihrem Lebensweg herausbewegt und einen „objektiven" Standpunkt eingenommen. Sie sah – jetzt also anders - ihren gesamten Lebensweg vor sich – als Rechtshänderin hatte sie die Vergangenheit links eingeordnet, die Gegenwart befand sich aber jetzt außerhalb von ihr – nämlich direkt vor ihr – und die Zukunft verlief nach rechts – also von der Gegenwart weg. Der entscheidende Unterschied zwischen der subjektiven und der objektiven Wahrnehmung des eigenen Lebensweges liegt also darin, ob die Gegenwart in mir liegt und ich die Dinge mit meinen Sinnen erlebe, oder ob ich die Gegenwart als außerhalb von mir mit meinen Sinnen wahrnehme. Ob wir die Gegenwart subjektiv oder objektiv erleben und wie wir uns unseren Lebensweg vorstellen, das alles macht einen großen Teil unserer Persönlichkeit aus und hat große Auswirkungen auf unser ganzes Leben.

Zukunftsangst bei Krebs geheilt

Eine Patientin von mir erkrankte mit knapp fünfzig Jahren an Unterleibs-Krebs und wurde operiert. Als ich sie kennenlernte, bestand eine unbestimmte Zukunftsangst, obwohl sie sonst recht lebensfreudig eingestellt war. Ich versuchte herauszufinden, wie sie sich ihre Lebenszeit vorstellte und wie sie ihre Zukunft sah. Sie hatte eine recht wechselhafte und vielseitige Lebensgeschichte hinter sich mit vielen Höhen und Tiefen und mit vielen hellen und dunklen Zeiten, war geschieden und hatte Kinder und Enkelkinder, welche sie sehr liebte und wohl auch recht verwöhnte. An ihrer letzten Arbeitsstelle fand sie keine besondere Bestätigung und sie wollte lieber sterben als wieder dorthin zurück. Nebenbei hatte sie auch angefangen sich schriftstellerisch zu betätigen und für mehrere Zeitschriften allgemein interessierende Artikel zu schreiben. Das gab ihr natürlich mehr Befriedigung. Wegen der schweren Unterleibs-Erkrankung und ausgeprägten rheumatischen Beschwerden hatte sie ihre Rente beantragt und inzwischen ist sie auch bewilligt worden. Nachdem mir alles bekannt war, beschäftigte ich mich damit, wie Sie selbst ihr eigenes Leben sah und wie diese Einstellung ihre Lebensweise beeinflußt. Ich arbeitete darauf mit ihr heraus, daß sie ihre Lebenszeit in Form eines Kreises empfand - und- zuletzt verwandelte sich der Lebenskreis in eine Lebensuhr und auf dieser Uhr stand der Zeiger auf der 9. Sie sah es also so, daß Sie schon drei Viertel ihres Lebens hinter sich, aber nur noch ein Viertel ihres Lebens vor sich hatte und daß dieses letzte Viertel nicht besonders angenehm zu sein schien und - obwohl erfolgreich operiert, lag der Gedanke an ein Wiederaufflammen der Erkrankung zu nahe.

Weil wir schon recht lange daran gearbeitet hatten und mir vor Müdigkeit nichts mehr einfiel, beendete ich diese Sitzung, aber irgendwie fand ich das Ende für mich recht unvollkommen und unbefriedigend. So beschäftigte mich den restlichen Teil des Tages die Frage, was ich tun könne, um das zu ändern. Am Abend kam ich dann auf die Lösung und rief bei ihr an: „Ich kann Dir zwar von Deiner Lebenszeit natürlich nichts wegnehmen, aber mach` einfach Deine Lebensuhr größer!" Noch bevor ich ganz ausgesprochen hatte, wurde das innere Bilder ihrer Lebensuhr größer und der Zeiger ging von der neun auf die sieben zurück! Sie sah jetzt nicht mehr ein nicht besonders gutes Viertel, sondern noch fast die Hälfte ihres Lebens vor sich und dem frohen Klang und der freudig erstaunten Überraschung ihrer Stimme nach zu urteilen, sah sie es als gute Hälfte an.

Mit den innerlich geschenkten zirka 20 Jahren konnte sie bisher viel besser leben und ihr Leben ganz anders und längerfristig planen, um ihr Leben zu genießen.